KB214705

BIBLE in Hand 교양인을 위한 성경

신약 | 히브리서·야고보서·베드로전·후서·요한 1·2·3서·유다서

위기의 신앙 공동체,
무엇으로 사는가

해제 **권연경**

넘이다
프로젝트

해제 권연경 | 숭실대학교 기독교학과 교수

서울대학교 영어영문학과를 졸업하고, 풀러신학교(M.Div.)와
예일대학교 신학부(S.T.M.)를 거쳐 런던대학교 킹스칼리지에서
박사학위(Ph.D.)를 받았다. 현재 숭실대학교 기독교학과 교수로 재직하고 있으며,
기독연구원 느헤미야 연구위원을 맡고 있다. 지은 책으로는 〈위선〉(IVP),
〈로마서 산책〉 〈갈라디아서 산책〉(복있는사람),
〈갈라디아서 어떻게 읽을 것인가〉(성서유니온) 등이 있으며,
〈일상, 부활을 살다〉(복있는사람), 〈IVP 성경신학사전〉 〈예수의 정치학〉(이상 IVP, 공역),
〈기독교와 문학〉(크리스천다이제스트) 등을 우리말로 옮겼다.
봄이다 프로젝트가 펴내는 교양인을 위한 성경 시리즈 중 신약편 해제를 집필했다.

신약 | 히브리서·야고보서·베드로전·후서·요한1·2·3서·유다서

위기의 신앙 공동체, 무엇으로 사는가

믿음에 관심이 있거나 새로 예수를 믿게 된 사람들이 성경을
읽어야 하는데, 이때 전권을 주고 읽으라고 하면 질려서 잘 읽
지를 못한다. 이런 사람들에게 이 책을 권하면 좋을 것 같다.
새번역을 사용하고 있고, 읽으면서 생길 수 있는 질문에 답을
주는 짧은 주석이 붙어 있어서 재미있게 읽을 수 있기 때문이
다. 이 낱권 성경책은 특별히 비신자 전도에 집중하는 가정교
회에서 잘 활용할 수 있을 것이다. 처음 성경을 접하는 분들이
성경을 쉽게 이해하고, 성경 읽는 데 자신감이 생길 것이다.

_ **최영기** | 휴스턴서울교회 은퇴목사, 국제가정교회사역원 초대원장

베스트셀러를 주로 읽는 요즘 사람들은 정작 인류 최고의 베
스트셀러인 성경에는 무지하다. 일반인들이 성경을 읽으려면
먼저 성경은 종교적 경전의 모양새에서 벗어나야 한다. 이 책
은 바로 그런 목적으로 출간되었다. 이제 종교적인 편견을 버
리고 성경을 읽고, 세계 시민에 걸맞은 교양을 가져보자.

_ **방선기** | 일터개발원 이사장

거룩할 '성'과 날 '경' 자로 구성된 성경(聖經)은 우리 삶이 혼돈의 심연으로 빠져들지 않도록 지켜주는 수직의 중심이다. 사람들이 성경에는 오류가 없어야 한다고 믿는 것은 그 때문이다. 성경을 읽다가 모순되는 지점을 발견하는 순간 경건한 사람들은 마치 연모하던 이의 비밀스러운 모습을 본 것처럼 민망해한다. 기독교에 대해 반감을 가진 이들은 '잘코사니!' 하면서 공격의 빌미를 삼는다. 민망해할 것도 없고, 쾌재를 부를 것도 없다. 김근주 교수와 권연경 교수의 안내를 받아 성경 속을 거닐다 보면 그 모순 속에 담긴 삶의 심오함에 가닿을 것이다. 교회 밖의 사람들은 물론이고 기독교인에게도 이 책은 좋은 길잡이가 되어주리라 믿는다.

_ 김기석 | 작가, 전 청파교회 담임목사

01

이 책에 사용된 한글 번역본은 대한성서공회의 허락을 받아
〈성경전서 새번역〉(2001년)을 사용했습니다.

기독교 성서를 번역, 출판, 반포하는 대한성서공회는 〈성경전
서 새번역〉에 대해 "원문의 뜻을 우리말 독자들이 이해할 수
있도록 정확하게 번역하고, 쉬운 현대어로, 우리말 어법에 맞
게, 한국교회에서 사용할 수 있도록 번역된 성경"이며, "번역
이 명확하지 못했던 본문과 의미 전달이 미흡한 본문은 뜻이
잘 전달되도록 고쳤다. 할 수 있는 대로 번역어투를 없애고,
뜻을 우리말로 표현하려고 노력했다. 그러나 신학적으로 중요
한 본문에서는 원문을 그대로 반영하려고 노력했다. 대화문에
서는 현대 우리말 존대법을 적용했다"고 밝히고 있습니다.

02

성경 본문 하단은 성경을 읽으면서 생기는 궁금한 내용에 대해
질문과 해제 형식으로 담아냈습니다. 질문은 편집부에서 만들
고, 해제는 구약성경은 김근주 교수(기독연구원 느헤미야), 신
약성경은 권연경 교수(숭실대 기독교학과)가 맡았습니다.

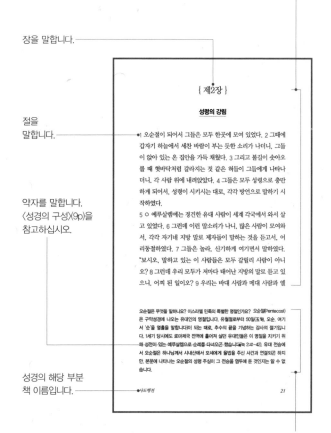

{ 제2장 }

성령의 강림

1 오순절이 되어서 그들은 모두 한곳에 모여 있었다. 2 그때에 갑자기 하늘에서 세찬 바람이 부는 듯한 소리가 나더니, 그들이 앉아 있는 온 집안을 가득 채웠다. 3 그리고 불길이 솟아오를 때 혓바닥처럼 갈라지는 것 같은 혀들이 그들에게 나타나더니, 각 사람 위에 내려앉았다. 4 그들은 모두 성령으로 충만하게 되어서, 성령이 시키시는 대로, 각각 방언으로 말하기 시작하였다.

5 ○ 예루살렘에는 경건한 유대 사람이 세계 각국에서 와서 살고 있었다. 6 그런데 이런 말소리가 나니, 많은 사람이 모여와서, 각각 자기네 지방 말로 제자들이 말하는 것을 듣고서, 어리둥절하였다. 7 그들은 놀라, 신기하게 여기면서 말하였다. "보시오, 말하고 있는 이 사람들은 모두 갈릴리 사람이 아니오? 8 그런데 우리 모두가 저마다 태어난 지방의 말로 듣고 있으니, 어찌 된 일이오? 9 우리는 바대 사람과 메대 사람과 엘

오순절은 무엇을 말하나요? 이스라엘 민족의 특별한 명절인가요? 오순절(Pentecost)은 구약성경에 나오는 유대인의 명절입니다. 유월절로부터 50일(토;토, 오순. 여기서 '순'을 열흘을 말합니다)이 되는 때로, 추수의 끝을 기념하는 감사의 절기입니다. 1세기 당시에도 로마제국 전역에 흩어져 살던 유대인들은 이 명절을 지키기 위해 성전이 있는 예루살렘으로 순례를 다녀오곤 했습니다(눅 2:41~42). 유대 전승에서 오순절은 하나님께서 시내산에서 모세에게 율법을 주신 사건과 연결되곤 하지만, 본문에 나타나는 오순절의 성령 주심이 그 전승을 염두에 둔 것인지는 알 수 없습니다.

●사도행전   21

성경 본문입니다.

장을 말합니다.

절을 말합니다.

약자를 말합니다.
〈성경의 구성〉(9p)을 참고하십시오.

성경의 해당 부분 책 이름입니다.

질문과 해제입니다.

성경, 구약 39권 + 신약 27권

성경은 한 권의 책이 아닙니다. 기원전 1천 년 전부터 기원후
2세기에 이르기까지 아주 긴 시간 동안 쓰여진 다양한 책들의
묶음입니다. 성경은 66권의 책으로 구성되어 있습니다. 그 책
들은 저자도, 내용도, 형식도, 분량도 모두 다릅니다. 성경은
크게 구약과 신약으로 구분되며, 구약은 39권, 신약은 27권으
로 구성되어 있습니다.

또 성경에는 여러 종류의 번역판이 있는데, 이 책은 대한성서
공회가 최근에 번역해 출간한 〈성경전서 새번역〉(2001년)을
채택하고 있습니다.

성경의 구성

구약

율법서 { 창세기(창) 출애굽기(출) 레위기(레) 민수기(민) 신명기(신)

역사서 ┌ 여호수아기(수) 사사기(삿) 룻기(룻) 사무엘기상(삼상)
│ 사무엘기하(삼하) 열왕기상(왕상) 열왕기하(왕하) 역대지상(대상)
└ 역대지하(대하) 에스라기(라) 느헤미야기(느) 에스더기(더)

시가서 { 욥기(욥) 시편(시) 잠언(잠) 전도서(전) 아가(아)

대선지서 ┌ 이사야서(사) 예레미야서(렘) 예레미야 애가(애) 에스겔서(겔)
└ 다니엘서(단)

소선지서 ┌ 호세아서(호) 요엘서(욜) 아모스서(암) 오바댜서(옵) 요나서(욘)
│ 미가서(미) 나훔서(나) 하박국서(합) 스바냐서(습) 학개서(학)
└ 스가랴서(슥) 말라기서(말)

신약

복음서 { 마태복음서(마) 마가복음서(막) 누가복음서(눅) 요한복음서(요)

역사서 { 사도행전(행)

바울서신 ┌ 로마서(롬) 고린도전서(고전) 고린도후서(고후)
│ 갈라디아서(갈) 에베소서(엡) 빌립보서(빌) 골로새서(골)
│ 데살로니가전서(살전) 데살로니가후서(살후)
└ 디모데전서(딤전) 디모데후서(딤후) 디도서(딛) 빌레몬서(몬)

공동서신 ┌ 히브리서(히) 야고보서(약) 베드로전서(벧전) 베드로후서(벧후)
└ 요한1서(요일) 요한2서(요이) 요한3서(요삼) 유다서(유)

예언서 { 요한계시록(계)

※괄호 안은 각 책을 줄여서 표기할 때 쓰는 약자입니다.

목 차

히브리서 Hebrews 12

야고보서 James 70

베드로전·후서 1, 2 Peter 94

요한1·2·3서 1, 2, 3 John 130

유다서 Jude 162

히브리서

Hebrews

선구자 그리스도를 따라
지속하는 신앙의 달리기

사람들을 인간의 곤경에서 건져내기 위해
하나님의 아들이 사람으로 오셨습니다.
그분은 우리가 선 자리로 오셔서,
우리와 같은 시험과 고난의 삶을 사셨습니다.
그러나 실패하는 우리와 달리, 그분은 이 고난을 통해 순종을 배우셨고,
그 순종을 토대로 모두를 위한 구원의 길을 여셨습니다.
그래서 예수님은 앞서 달려가신 분, 곧 우리의 선구자입니다.
우리 대신 죽으심으로 우리 죄를 사하셨을 뿐 아니라,
우리를 앞서가며 구원의 여정을 개척하셨습니다.
또 자비로운 대제사장으로 시의적절한 은혜를 베푸십니다.
이 선구자 그리스도에 관한 개념은
히브리서의 가장 독창적인 공헌이라 할 수 있습니다.

유대계 그리스도인들에게 보낸 편지

'히브리서'는 이름과 함께 편지(공동서신)로 분류되었지만, 이 글의 저자는 자기 글을 '권면의 말'이라 부릅니다(13:22). 편지로 보내졌지만, 그 내용은 길고 치밀한 설교문입니다. 성경에 관한 설명이 많고, 이를 바탕으로 한 실제적인 논의와 훈계가 나옵니다. 신약성경에서 가장 세련된 헬라어를 구사하며, 다양한 수사 기법과 다채로운 비유적 이미지를 활용해 매우 치밀하면서도 역동적이고 감동적인 설교를 만들어냅니다. 히브리서는 '히브리 사람, 곧 유대계 그리스도인들에게 보낸 편지'라는 뜻입니다. 이는 내용을 토대로 후대에 붙여진 이름입니다. 사실 원래 독자가 누구인지는 분명치 않습니다. 성경, 특히 구약성경을 폭넓게 활용하는 것을 보면 유대계 독자들인 것으로 추정됩니다.

그러나 막상 독자들의 상황 묘사나 신앙적 훈계는 어떤 부류의 신자에게나 해당될 수 있습니다. 저자 또한 알 수 없습니다. '히브리서'처럼 독자를 제목으로 삼았다는 것은 이 글이 바울의 글이라는 고대의 신념을 반영합니다. 그러나 막상 글 속에는 저자의 이름이 등장하지 않습니다. 내용을 살펴봐도 바울을 저자로 보기 어렵게 만드는 사항들이 적지 않습니다. 신약성경의 편지들 가운데 유일하게 익명으로 전해진 편지인 셈입니다.

독자들은 어려운 신앙의 위기를 겪고 있는 것으로 추정됩니다. 그들은 순교까지는 아니지만(12:4), 사회적 비난과 신체적 처벌, 심각한 경제적 손실을 경험했습니다(10:33-34). 이런 힘겨운 상황은 그들에게 예수님에 대한 신앙을 위협하는 도전으로 다가왔습니다. 이 힘겨운 상황에서 유대계 신자들이 (사회적 압박으로부터 상대적으로 자유로운) 유대교 신앙으로 회귀하려고 하는 것인지, 아니면 이교 문화의 사회적 종교적 압박에 굴복해 신앙을 포기하려는 것인지는 분명치 않습니다. 하지만 어떤 선택이든 예수님의 복음에서 벗어나는 것은 마찬가지입니다. 저자는 이들의 유혹이 매우 위험한 선택이라는 사실을 다각도로 논증하며 그들을 설득합니다.

새 언약과 새 언약의 중개자 예수 그리스도

히브리서는 교회에서 잘 읽히지 않습니다. 우선 구약성경의 비중이 커서 생각을 따라가기가 쉽지 않습니다. 하지만 가장 큰 장애물은 신학적 어려움입니다. 이 글에서 가장 날카롭게 다가오는 현상 중 하나는 심판에 대한 살벌한 경고입니다. 첫 언약과 새 언약은 (상대적으로) 작은 구원과 더 큰 구원이라는 대조를 만들어냅니다. 항간의 오해와 달리, 이는 엄중한 율법의 심판과 자비로운 복음의 은혜에 관한 대조가 아닙니다. 오히려 저자는 '더 큰 구원 = 더 큰 심판'의 원리를 역설하며 독자들에게 경고합니다(2:1-4; 10:26-31; 12:25).

이뿐 아니라, 한 번 은혜를 맛본 후 타락하면 새로운 회개의 기회가 없다는 주장을 거듭 펼칩니다(6:4-8; 10:26-27; 12:16-17). 이러한 주장은 종교개혁 전통에 속한 개신교 신자들에게 매우 어려운 질문을 던집니다. 그래서 루터는 (야고보서, 유다서, 요한계시록과 함께) 히브리서에는 제대로 된 '복음'이 없다고 생각하고 정경으로 인정하기를 주저했습니다. 그러나 이런 어려움은 히브리서가 아닌 우리 자신의 문제입니다. 히브리서가 어렵기 때문이 아니라(사실 히브리서의 핵심 논조는 매우 분명합니다), 복음에 대한 우리의 이해가 좁아 히브리서의 멋진 메시지를 제대로 소화하지 못하는 것입니다.

히브리서의 저자는 바울, 요한과 함께 신약성경의 3대 신학자로 꼽힙니다. 예수 그리스도에 대한 신앙은 모두의 것이지만, 히브리서 저자는 이를 자기만의 독특한 관점으로 풀어내고 독자들의 상황과 연결해 호소력 있는 '권고의 말'을 들려줍니다. '작은 것과 큰 것' 혹은 '좋은 것과 훨씬 더 좋은 것'이라는 틀로 첫 언약과 새 언약을 비교 대조하고, 이를 통해 새 언약과 이 언약의 중개자인 예수 그리스도의 독특함과 탁월함을 보여줍니다.

예수 그리스도는 첫 언약의 중개자들(천사들, 모세, 여호수아, 제사장들)보다 더 탁월하십니다. 그분은 레위가 아닌 멜기세덱의 계통을 따르는 '영원한 대제사장'으로, 첫 언약의 제사보다 더 탁월한 제사를 드립니다. 바로 죄 자체를 제거하고 우리 양심을 깨끗하게 하는 예수의 십자가 제사입니다. 히브리서는 이 예수님을 확실하게 이해하는 것이 현재 위기 극복의 열쇠라고 말합니다.

앞서 달려가신 선구자 예수 그리스도

히브리서에서 예수님의 역할은 '대속'을 넘어섭니다. 사람들을 인간의 곤경에서 건져내기 위해 하나님의 아들이 사람으로 오셨습니다. 그분은 우리가 선 자리로 오셔서, 우리와 같은 시험과 고난의 삶을 사셨습니다. 그러나 실패하는 우리와 달리, 그분은 이 고난을 통해 순종을 배우셨고, 그 순종을 토대로 모두를 위한 구원의 길을 여셨습니다. 그래서 예수님은 '앞서 달려가신 분' 곧 우리의 '선구자'입니다(2:10; 6:20; 12:2). 우리 대신 죽으심으로 우리 죄를 사하셨을 뿐 아니라, 우리를 앞서가며 구원의 여정을 개척하셨습니다. 또 자비로운 대제사장으로 시의적절한 은혜를 베푸십니다. 이 '선구자' 그리스도에 관한 개념은 히브리서의 가장 독창적인 공헌이라 할 수 있습니다.

신앙의 위기 속에 있는 독자를 권면하는 일은 쉽지 않습니다. 저자는 신학적 논증을 통해 예수 믿는 신앙을 버리는 일이 왜 어리석은 선택인지 치밀하게 설명합니다. 또 하나님의 엄한 심판을 거듭 상기시키며 지금의 잘못된 선택이 얼마나 위험한 일인지 경고합니다. 그뿐 아니라, 여러 어려움에 지쳐가는 신자들을 향해 따스하면서도 힘 있는 격려와 응원의 말을 건네기도 합니다. 독자들이 어려움을 인내하며 신앙의 달리기를 지속할 수 있도록, 그야말로 온갖 수단을 모두 동원해 그들을 설득합니다. 그래서 이 글은 오늘 우리에게도 매우 중요한 하나님의 음성으로 다가옵니다.

{ 제1장 }

하나님께서 아들을 통하여 말씀하시다

1 하나님께서 옛날에는 예언자들을 통하여, 여러 번에 걸쳐 여러 가지 방법으로 우리 조상들에게 말씀하셨으나, 2 이 마지막 날에는 아들을 통하여 우리에게 말씀하셨습니다. 하나님께서는 이 아들을 만물의 상속자로 세우셨습니다. 그를 통하여 온 세상을 지으신 것입니다. 3 그는 하나님의 영광의 광채시요, 하나님의 본체대로의 모습이십니다. 그는 자기의 능력 있는 말씀으로 만물을 보존하시는 분이십니다. 그는 죄를 깨끗하게 하시고서 높은 곳에 계신 존엄하신 분의 오른쪽에 앉으셨습니다. 4 그는 천사들보다 훨씬 더 높게 되셨으니, 천사들보다 더 빼어난 이름을 물려받으신 것입니다.

아들에 대한 설명이 이어집니다. 처음부터 아들을 강조하는 이유는 무엇인가요? 히브리서는 여러 이유로 복음을 떠날 위기에 처한 신자들의 공동체에 보낸 권고의 편지입니다. 어려움은 현실에서 생기지만, 이는 금방 복음의 중심인 예수 그리스도를 바라보는 우리의 시선을 흐리게 합니다. 그래서 신앙 회복을 위한 핵심 절차 중 하나는 현실의 어려움 때문에 희미해진 눈길을 선명하게 만드는 것입니다. 이를 위해 저자는 시종일관 예수 그리스도에 초점을 맞추며 다양한 각도에서 예수 그리스도를 새롭게 바라보도록 도와줍니다. 천사, 모세, 대제사장 등으로 대표되는 첫 언약의 중재자보다 더 탁월하신 새 언약의 중재자 예수님을 제시하면서, 바로 이 예수님을 깊이 생각하고(3:1), 이 예수님을 바라보며(12:1-2), 하나님께서 주신 희망으로 현재의 어려움을 이겨나가자고 호소합니다.

아들은 천사보다 뛰어나시다

5 ○ 하나님께서 천사들 가운데서 누구에게 "너는 내 아들이다. 내가 오늘 너를 낳았다" 하고 말씀하신 적이 있습니까? 또, "나는 그의 아버지가 되고, 그는 내 아들이 될 것이다" 하고 말씀하신 적이 있습니까? 6 그러나 자기의 맏아들을 세상에 보내실 때에는 "하나님의 천사들은 모두 그에게 경배하여라" 하고 말씀하셨습니다. 7 또 천사들에 관해서는 성경에 이르기를 "하나님께서는 천사들을 바람으로 삼으시고, 시중꾼들을 불꽃으로 삼으신다" 하였고, 8 아들에 관해서는 성경에 이르기를 "하나님, 주님의 보좌는 영원무궁하며, 공의의 막대기는 곧 주님의 왕권입니다. 9 주님께서는 정의를 사랑하시고, 불법을 미워하셨습니다. 그러므로 하나님 곧 주님의 하나님께서는 주님께 즐거움의 기름을 부으셔서, 주님을 주님의 동료들 위에 높이 올리셨습니다" 하였습니다. 10 또 이렇게 말하였습니다. "주님, 주님께서는 태초에 땅의 기초를 놓으셨습니다. 하늘은 주님의 손으로 지으신 것입니다. 11 그것들은 없어

히브리서 1장은 아들 이야기가 전부인데, 여기서는 아들의 어떤 부분에 집중하고 있나요? 히브리서는 하나님의 영광을 완벽하게 드러내시는 하나님의 아들 예수 그리스도의 탁월함에 대한 인상적인 그림으로 시작합니다(1-3절). 이는 천사들보다 더 탁월하신 그리스도의 이야기로 이어집니다(4절). 1장의 나머지는 이를 뒷받침하는 성경의 증언을 메들리로 연결한 것입니다. 저자의 설명은 거의 없이, "아들이 천사보다 탁월하다"는 사실을 보여주는 성경 구절을 제시합니다. 여기에는 구약성경의 많은 구절을 그리스도에 관한 약속 내지는 그리스도 자신의 말씀으로 간주하는 신자들의 그리스도 중심적 관점이 드러납니다. 여기서 천사는 첫 언약의 토대인 율법의 중재자로 나타납니다(2:2). 그리스도의 새 언약이 첫 언약보다 탁월하다는 긴 논증의 첫 줄기인 셈입니다.

질지라도, 주님께서는 영원히 존재하십니다. 그것들은 다 옷처럼 낡을 것이요, 12 주님께서는 그것들을 두루마기처럼 말아 치우실 것이며, 그것들이 다 옷처럼 변하고 말 것입니다. 그러나 주님께서는 언제나 같으시고, 주님의 세월은 끝남이 없을 것입니다." 13 그런데 하나님께서 천사 가운데서 누구에게 "내가 네 원수들을 네 발 아래에 굴복시킬 때까지, 너는 내 오른쪽에 앉아 있어라" 하고 말씀하신 적이 있습니까? 14 천사들은 모두 구원의 상속자가 될 사람들을 섬기도록 보내심을 받은 영들이 아닙니까?

{ 제2장 }

귀중한 구원

1 그러므로 우리는 들은 바를 더욱 굳게 간직하여, 잘못된 길로 빠져드는 일이 없어야 마땅하겠습니다. 2 천사들을 통하여 하신 말씀이 효력을 내어, 모든 범행과 불순종하는 행위가 공정한 갚음을 받았거든, 3 하물며 우리가 이렇게도 귀중한 구원을 소홀히 하고서야, 어떻게 그 갚음을 피할 수 있겠습니까? 이 구원은 주님께서 처음에 말씀하신 것이요, 그것을 들은 사람들이 우리에게 확증하여준 것입니다. 4 그리고 하나님께서도 표징과 기이한 일과 여러 가지 기적을 보이시고, 또 자기의 뜻을 따라, 성령의 선물을 나누어주심으로써, 그들과 함께 증언하여주셨습니다.

구원의 창시자

5 ○ 하나님께서는 지금 우리가 말하는 장차 올 세상을 천사들

성령의 선물이란 무엇을 말하며, 그것이 어떻게 구원과 관련이 있나요? 복음은 '주' 곧 예수 그리스도와 더불어 시작합니다. 히브리서의 첫 독자들은 예수님과 함께하면서 복음을 직접 '들었던' 목격자들의 증언을 통해 예수님을 믿게 되었습니다. 말로 전달된 복음이지만, 이 선포는 성령의 특별한 나타나심을 동반하곤 했습니다. 방언이나 치유 등의 놀라운 일들은 성령 임재의 가시적 표지였습니다. 또한 성령은 복음을 믿는 사람들에게 새로운 삶의 비전을 열어주었고, 동시에 그리스도를 통해 제공된 구원의 약속을 바라보며 새로운 삶을 살아가게 하는 힘을 제공했습니다. 그래서 구원의 약속을 포기하고 복음을 버리는 것은 하나님의 아들을 짓밟는 일이자 동시에 은혜로 주어진 성령을 모욕하는 일이기도 합니다(10:29).

의 지배 아래에 두신 것이 아닙니다. 6 어떤 이가 성경 어딘가에서 이렇게 증언하였습니다. "사람이 무엇이기에 주님께서 그를 기억하여주시며, 인자가 무엇이기에 주님께서 그를 돌보아주십니까? 7 주님께서는 그를 잠시 동안 천사들보다 못하게 하셨으나, 영광과 존귀의 면류관을 그에게 씌워주셨으며, 8 만물을 그의 발 아래에 복종시키셨습니다."

○ 하나님께서 만물을 사람에게 복종시키심으로써, 그에게 복종하지 않는 것이라고는 아무것도 없게 하신 것입니다. 그러나 지금 우리가 보기로는, 아직도 만물이 다 그에게 복종하고 있는 것은 아닙니다. 9 예수께서 다만 잠시 동안 천사들보다 낮아지셔서, 죽음의 고난을 당하심으로써, 영광과 존귀의 면류관을 받아 쓰신 것을, 우리가 봅니다. 그는 하나님의 은혜로 모든 사람을 위하여 죽음을 맛보셔야 했습니다.

10 ○ 하나님께서는 만물을 창조하시고, 만물을 보존하시는 분이십니다. 그러므로 하나님께서 많은 자녀를 영광에 이끌어 들이실 때에, 그들의 구원의 창시자를 고난으로써 완전하게 하신다는 것은 당연한 일입니다. 11 거룩하게 하시는 분과 거룩하게

"구원의 창시자를 고난으로써 완전하게 하신다"(10절)라는 구절의 뜻은 무엇인가요? 성육신의 전제는 "사람만이 사람의 문제를 해결할 수 있다"는 것입니다. 그런데 우리는 우리 문제를 해결하지 못합니다. 그래서 하나님의 아들이 사람이 되어 오셨습니다. 밖에서 우리를 낚아채는 것이 아니라, 우리 실존의 곤경에서 벗어날 길을 제시해야 하기에, 그분은 '모든 면에서 똑같은' 사람이 되셨습니다. 인간 존재의 핵심에는 죽음이 있고, 이는 다양한 삶의 고통으로 드러납니다. 그래서 예수님께서는 우리와 똑같은 죽음의 한계 아래 시험을 겪고 고난당하셨습니다. 하지만 그분은 죄를 지은 인류와 달리, 하나님께 순종하셨습니다. 이렇게 그분은 우리 구원의 '선구자'(창시자)가 되셨습니다. '우리 대신' 구원의 길을 만드신 분이며, 우리도 가야 할 구원의 길을 '앞서 가신 분'입니다(2:10; 6:20; 12:2).

되는 사람들은 모두 한 분이신 아버지께 속합니다. 그러하므로 예수께서는 그들을 형제자매라고 부르시기를 부끄러워하지 않으셨습니다. 12 그리하여 그분은 "내가 주님의 이름을 내 형제자매들에게 선포하며, 회중 가운데서 주님을 찬미하겠습니다" 하고 말씀하시고, 13 또 "나는 그를 신뢰하겠습니다" 하고 말씀하시고, "보십시오, 내가 여기에 있습니다. 또 하나님께서 내게 주신 자녀들이 여기에 있습니다" 하고 말씀하셨습니다. 14 이 자녀들은 피와 살을 가진 사람들이기에, 그도 역시 피와 살을 가지셨습니다. 그것은, 그가 죽음을 겪으시고서, 죽음의 세력을 쥐고 있는 자 곧 악마를 멸하시고, 15 또 일생 동안 죽음의 공포 때문에 종노릇하는 사람들을 해방시키시기 위함이었습니다. 16 사실, 주님께서는 천사들을 도와주시는 것이 아니라, 아브라함의 자손들을 도와주십니다. 17 그러므로 그는 모든 점에서 형제자매들과 같아지셔야만 했습니다. 그것은, 그가 하나님 앞에서 자비롭고 성실한 대제사장이 되심으로써, 백성의 죄를 대신 갚으시기 위한 것입니다. 18 그는 몸소 시험을 받아서 고난을 당하셨으므로, 시험을 받는 사람들을 도우실 수 있습니다.

갑자기 자비롭고 성실한 대제사장이 나오고, 백성을 죄에서 건져낸다고 합니다. 대제사장은 어떤 존재이고, 그는 예수와 어떻게 연결되나요? 대제사장은 하나님과 사람 사이에서 화해를 중재하는 존재입니다. 죄를 지은 사람에게는 자비로운 공감이 필요하고, 하나님을 향해서는 성실한 순종의 자태가 필요합니다. 예수님께서는 철저한 순종으로 성실한 대제사장의 모습을 보이셨고, 우리와 같은 인간으로서 우리의 악함을 뼛속 깊이 공감할 수 있는 분입니다. 그래서 하나님 앞에서 우리를 위한 속죄의 중재자가 될 수 있습니다. 물론 그분은 오롯이 순종하셨다는 사실, 그리고 짐승 대신 자기의 완전한 몸을 제물로 드렸다는 점에서 여느 대제사장과 다릅니다. 그래서 그분이 중재하는 구원은 더 탁월합니다. 이는 히브리서 후반부에서 집중적으로 다루는 주제입니다.

{ 제3장 }

예수는 모세보다 뛰어나시다

1 그러므로 하늘의 부르심을 함께 받은 거룩한 형제자매 여러분, 우리가 고백하는 신앙의 사도요, 대제사장이신 예수를 깊이 생각하십시오. 2 이 예수는 모세가 하나님의 온 집안에 성실했던 것과 같이, 자기를 세우신 분께 성실하셨습니다. 3 집을 지은 사람이 집보다 더 존귀한 것과 같이, 예수는 모세보다 더 큰 영광을 누리기에 합당한 분이십니다. 4 어떠한 집이든지 어떤 사람이 짓습니다. 그러나 모든 것을 지으신 분은 하나님이십니다. 5 모세는, 하나님께서 장차 말씀하시려는 것을 증언하기 위한 일꾼으로서, 하나님의 온 집안사람에게 성실하였습니다. 6 그러나 그리스도는 아들로서, 하나님의 집안사람을 성실하게 돌보셨습니다. 우리가 그 소망에 대하여 확신과 자부심을 지니고 있으면, 우리는 하나님의 집안사람입니다.

모세를 예수와 비교하며 말합니다. 모세는 그렇게 대단한 인물인가요? 이스라엘 역사에서 모세는 하나님께 성실한 지도자의 전형입니다. 모세는 이스라엘을 이집트의 압제에서 건져낸 출애굽 사건의 주인공으로, 가장 탁월한 구원의 중재자로 여겨집니다. 히브리서는 이 모세의 성실한 섬김에 주목합니다. 동시에 그가 하나님의 집에서 '하인'으로 섬겼다는 사실을 지적합니다. 그리고 이를 하나님의 집에서 '아들'로 섬기신 예수님의 역할과 비교, 대조합니다. 두 사람 모두 하나님께 성실했지만, 종의 성실함과 아들의 성실함은 그 가치와 효과가 다를 수밖에 없습니다. 첫 언약의 중재자 모세는 장차 예수님을 통해 이루어질 복음 사건을 미리 증언하는 역할을 수행했다면(5절), 예수님께서는 바로 이 약속을 현실로 구현하는 새 언약의 중재자로 하나님께 성실하셨습니다.

하나님이 주시는 안식

7 ○ 그러므로 성령이 이와 같이 말씀하셨습니다. "오늘 너희가 그의 음성을 듣거든, 8 너희 조상들이 광야에서 시험받던 날에 반역한 것과 같이, 너희 마음을 완고하게 하지 말아라. 9 거기에서 그들은 나를 시험하여보았고, 사십 년 동안이나 내가 하는 일들을 보았다. 10 그러므로 나는 그 세대에게 분노해서 말하였다. '그들은 언제나 마음이 미혹되어서 내 길을 알지 못하였다.' 11 내가 진노하여 맹세한 대로 그들은 결코 내 안식에 들어오지 못할 것이다."

12 ○ 형제자매 여러분, 여러분 가운데에 믿지 않는 악한 마음을 품고서, 살아계신 하나님을 떠나는 사람이 아무도 없도록, 여러분은 조심하십시오. 13 '오늘'이라고 하는 그날그날, 서로 권면하여, 아무도 죄의 유혹에 빠져 완고하게 되지 않도록 하십시오. 14 우리가 처음 믿을 때에 가졌던 확신을 끝까지 가지고 있으면, 우리는 그리스도께서 주시는 구원을 함께 누리는 사람이 될 것입니다. 15 "오늘 너희가 그의 음성을 듣거든, 반

'완고하게 하다'라는 말이 자주 나옵니다. 여기서 성경이 강조하는 의미는 무엇인가요? 문자적으로 '단단하게 하다'인데, '마음을 단단하게 하는' 태도, 곧 하나님께 순종하지 않으려는 완고한 고집을 가리킵니다. 이 표현은 신약성경에 모두 6번 등장하는데, 그중 4번이 히브리서에 나옵니다. 이스라엘 혹은 신자의 불순종을 가리키는 중요한 이미지입니다. 출애굽 후 광야에서 이스라엘은 겸허한 순종 대신 완고한 마음으로 하나님의 뜻을 거부하다가 처참한 처벌을 받았습니다. 그 당시 "마음을 완고하게 하지 말라" 하셨던 음성은 이제 신자를 위한 경고의 메시지로 반복 재생됩니다(3:8, 15; 4:7). 새 언약의 백성 또한 죄에 속아 마음을 완고하게 할 위험에 처해 있기 때문입니다(13절). 광야 이스라엘을 반면교사 삼아 잘못된 선택을 피하자는 권고입니다.

역하던 때와 같이 너희의 마음을 완고하게 하지 말아라" 하는 말씀이 있는데, 16 듣고서도 하나님께 반역한 사람들이 누구였습니까? 모세의 인도로 이집트에서 나온 사람들 모두가 아니었습니까? 17 하나님께서 사십 년 동안 누구에게 진노하셨습니까? 죄를 짓고, 시체가 되어서 광야에 쓰러진 그 사람들이 아닙니까? 18 하나님께서는 누구에게 하나님의 안식에 들어가지 못하리라고 맹세하셨습니까? 순종하지 않은 사람들에게 하신 것이 아닙니까? 19 결국, 그들이 들어갈 수 없었던 것은 믿지 않았기 때문임을 우리는 압니다.

{ 제4장 }

1 그러므로 하나님께서 주시는 안식에 들어가리라는 약속이 아직 남아 있는 동안에, 여러분 가운데서 거기에 미치지 못하는 사람이 아무도 없도록, 두려운 마음으로 조심하십시오. 2 그들이나 우리나 기쁜 소식을 들은 것은 마찬가지입니다. 그런데 들은 그 말씀이 그들에게는 아무런 유익이 되지 못하였습니다. 그들은 그 말씀을 듣고서도, 그것을 믿음과 결합시키지 않았기 때문입니다. 3 그러나 그 말씀을 믿은 우리는 안식에 들어갈 것입니다. 그것은, "내가 진노하여 맹세한 것과 같이, 그들은 결코 내 안식에 들어오지 못할 것이다" 하고 말씀하신 그대로입니다. 사실상 하나님께서 세상을 창조하시고 모든 일을 끝마치셨으므로, 그때부터 안식이 있어온 것입니다. 4 일곱째 날에 관해서는 어딘가에서 "하나님께서 일곱째 되는 날에는 그 모든 일을 마치고 쉬셨다" 하였고, 5 또 이곳에서는 다시 "그들은 결코 내 안식에 들어오지 못할 것이다" 하셨습니다. 6 그러므로 어떤 사람들에게는 안식에 들어갈 기회가 아

하나님께서 주시는 안식(1절)이란 무엇인가요? 천국처럼 이야기하다가 또 쉼으로 설명하기도 합니다. 가나안에 정착해 누릴 '안식'이 종말론적 안식, 곧 구원의 이미지로 확장된 것입니다. 히브리서 저자는 구약성경 시편의 저자가 광야 이스라엘을 추억하며 노래한 '안식' 이야기를 창세기의 창조 이야기에 나오는 '하나님의 안식'과 연결해, 이를 지상적 안식이 아닌 천상적 안식, 곧 하나님의 안식에 참여하는 구원 이야기로 만들어냅니다. 시편에서 (후대의) 다윗은 여전히 '안식'의 약속을 노래합니다. 곧 과거 여호수아가 제공한 가나안 정착은 약속된 그 '안식'이 아니라는 뜻입니다. 광야 이스라엘은 오히려 불순종 때문에 그 안식에 들어가지 못했고, 그래서 아직 그 안식은 성취되지 않은 빈자리로 남아 있습니다. 신자들이 신실한 믿음과 순종을 지켜 이 안식에 들어가야 한다는 권고입니다.

직 남아 있습니다. 그런데 기쁜 소식을 먼저 들은 사람들이 순종하지 않았으므로, 들어갈 수 없었습니다. 7 그렇지만 하나님께서는 다시 '오늘'이라는 어떤 날을 정하시고, 이미 인용한 말씀대로, 오랜 뒤에 다윗을 통하여 "오늘 너희가 그의 음성을 듣거든 너희 마음을 완고하게 하지 말아라" 하고 말씀하셨습니다. 8 여호수아가 그들에게 안식을 주었더라면, 하나님께서는 그 뒤에 다른 날이 있으리라는 것을 말씀하시지 않았을 것입니다. 9 그러니 하나님의 백성에게는 안식하는 일이 아직 남아 있습니다. 10 하나님께서 주실 안식에 들어가는 사람은, 하나님이 자기 일을 마치고 쉬신 것과 같이, 그 사람도 자기 일을 마치고 쉬는 것입니다. 11 그러므로 우리는 이 안식에 들어가기를 힘씁시다. 아무도 그와 같은 불순종의 본을 따르다가 떨어져나가는 일이 없도록 해야 하겠습니다.

12 ○ 하나님의 말씀은 살아 있고 힘이 있어서, 어떤 양날 칼보다도 더 날카롭습니다. 그래서, 사람 속을 꿰뚫어 혼과 영을 갈라내고, 관절과 골수를 갈라놓기까지 하며, 마음에 품은 생각과 의도를 밝혀냅니다. 13 하나님 앞에는 아무 피조물도 숨

하나님의 말씀을 설명합니다(12절 이하). 지금은 우리 귀로 들을 수도 없는 하나님의 말씀이 어떻게 그런 기능을 수행한단 말인가요? 초대교회 신자들에게 성경은 하나님의 말씀이었습니다. 모일 때마다 이 말씀을 읽었고, 신자들은 늘 이 말씀을 '들으며' 살았습니다. 신자들은 하나님께서 그분의 아들 예수 그리스도를 통해 말씀하신다고 믿었습니다. 그렇게 그들은 오래된 성경을 예수 그리스도의 빛 아래 새롭게 읽으며 하나님의 음성을 들었습니다. 이는 구원의 약속이자, 동시에 불순종에 대한 경고이기도 합니다. 이 말씀이 '살아 있다'는 것은 하나마나 한 빈말이 아니라는 뜻입니다. 하나님의 말씀은 우리 존재를 해부하고 드러내는 심판의 말씀입니다. 불순종은 그만큼 무서운 결과로 이어질 것입니다. 하나님께서는 반드시 '갚아주시는' 분임을 기억하고, 순종하자는 호소입니다(11:6).

겨진 것이 없고, 모든 것이 그의 눈앞에 벌거숭이로 드러나 있습니다. 우리는 그의 앞에 모든 것을 드러내놓아야 합니다.

예수는 위대한 대제사장이시다

14 ○ 그러나 우리에게는 하늘에 올라가신 위대한 대제사장이신 하나님의 아들 예수가 계십니다. 그러므로 우리의 신앙고백을 굳게 지킵시다. 15 우리의 대제사장은 우리의 연약함을 동정하지 못하시는 분이 아닙니다. 그는 모든 점에서 우리와 마찬가지로 시험을 받으셨지만, 죄는 없으십니다. 16 그러므로 우리는 담대하게 은혜의 보좌로 나아갑시다. 그리하여 우리가 자비를 받고 은혜를 입어서, 제때에 주시는 도움을 받도록 합시다.

{ 제5장 }

1 각 대제사장은 사람들 가운데서 뽑혀서 하나님과 관계되는 일에 임명받습니다. 그리하여 그는 사람들을 위하여 예물과 속죄의 희생제사를 드립니다. 2 그는 자기도 연약함에 휘말려 있으므로, 그릇된 길을 가는 무지한 사람들을 너그러이 대할 수 있습니다. 3 그는 백성을 위해서 속죄의 제사를 드려야 하는 것과 마찬가지로, 그 연약함 때문에 자기 자신을 위해서도 드려야 하는 것입니다. 4 누구든지 이 영예는 자기 스스로 얻는 것이 아니라, 아론과 같이 하나님의 부르심을 받아서 얻는 것입니다.

5 ○ 이와 같이 그리스도께서도 자기 자신을 스스로 높여서 대제사장이 되는 영광을 차지하신 것이 아니라, 그에게 "너는 내 아들이다. 오늘 내가 너를 낳았다" 하고 말씀하신 분이 그렇게 하신 것입니다. 6 또 다른 곳에서 "너는 멜기세덱의 계통을 따라 임명받은 영원한 제사장이다" 하고 말씀하셨습니다. 7 예수께서 육신으로 세상에 계실 때에, 자기를 죽음에서 구원하실

예수가 대제사장임을 강조하면서 "멜기세덱의 계통을 따라 임명받은 영원한 제사장"(6절)이라고 인용합니다. 이것을 강조하는 의미는 무엇인가요? 첫 언약의 대제사장들보다 더 탁월하신 그리스도의 역할을 설명하기 위한 신학적 장치입니다. 첫 언약에서 제사장은 아론의 아들 레위의 후손에게 맡겨진 역할입니다. 히브리서는 이 제사장 제도를 구약성경 창세기에 나오는 멜기세덱이라는 제사장과 비교, 대조합니다. 그는 하나님의 제사장으로 등장하는 첫 인물일 뿐 아니라, 여러 면에서 레위 계통의 대제사장과는 비교할 수 없는 탁월한 면모를 갖고 있습니다. (이는 7장에서 자세히 다룹니다.) 예수님께서는 바로 이 멜기세덱의 계통을 이은 대제사장입니다. 그래서 그분은 첫 언약의 대제사장들보다 더 탁월하시며, 그분이 중재하는 새 언약 또한 첫 언약보다 더 탁월하다는 논증입니다.

수 있는 분께 큰 부르짖음과 많은 눈물로써 기도와 탄원을 올리셨습니다. 하나님께서는 예수의 경외심을 보시어서, 그 간구를 들어주셨습니다. 8 그는 아드님이시지만, 고난을 당하심으로써 순종을 배우셨습니다. 9 그리고 완전하게 되신 뒤에, 자기에게 순종하는 모든 사람에게 영원한 구원의 근원이 되시고, 10 하나님에게서 멜기세덱의 계통을 따라 대제사장으로 임명을 받으셨습니다.

변절을 경계하다

11 ○ 멜기세덱에 관하여는 할 말이 많이 있지만, 여러분의 귀가 둔해진 까닭에 설명하기 어렵습니다. 12 시간으로 보면, 여러분은 이미 교사가 되었어야 할 터인데, 다시금 하나님의 말씀의 초보적 원리를 남들에게서 배워야 할 처지에 놓여 있습니다. 여러분은 단단한 음식물이 아니라, 젖을 필요로 하는 사람이 되었습니다. 13 젖을 먹고서 사는 이는 아직 어린아이이므로, 올바른 가르침에 익숙하지 못합니다. 14 그러나 단단한

가르쳐야 할 사람들이 다시 배우고 있는 처지라고 말합니다(12절). 이런 발언이 나온 배경과 의도는 무엇인가요? "지금까지 도대체 뭘 배운 거니?" 하는 꾸중처럼, 저자의 답답함이 묻어나는 수사적 표현입니다. 복음을 믿고 시간이 꽤 흘러 정상적인 성숙의 과정을 거쳤다면 지금쯤 선생이 되어도 좋았을 것입니다. 그런데 지금 독자들은 멜기세덱 이야기도 제대로 소화하지 못할 것 같은 신앙적 지체 상태에 머물러 있습니다. 단순히 신학적 수준이 아니라, 삶의 태도를 포함한 포괄적 의미의 답보 상태입니다. 기본적인 지식을 반복하며, 정작 삶에서 '의의 말씀'을 경험하는 일에는 실패하고 있는 상태입니다. 신앙의 힘겨움 때문일 수도 있고, 세속적 욕심에 휘둘린 산만함 때문일 수도 있습니다. 영적 집중도가 현저히 떨어진 상황이라, 더 깊은 가르침이 쉽지 않다는 안타까움입니다.

음식물은 장성한 사람들의 것입니다. 그들은 경험으로 선과 악을 분별하는 세련된 지각을 가지고 있는 사람들입니다.

{ 제6장 }

1 그러므로 우리는 그리스도교의 초보적 교리를 제쳐놓고서, 성숙한 경지로 나아갑시다. 죽은 행실에서 벗어나는 회개와 하나님에 대한 믿음과 2 세례에 관한 가르침과 안수와 죽은 사람의 부활과 영원한 심판과 관련해서, 또다시 기초를 놓는 일이 없어야 하겠습니다. 3 하나님께서 허락하시면, 우리는 그렇게 할 수 있을 것입니다. 4 한번 빛을 받아서 하늘의 은사를 맛보고, 성령을 나누어 받고, 또 5 하나님의 선한 말씀과 장차 올 세상의 권능을 맛본 사람들이 6 타락하면, 그들을 새롭게 해서 회개에 이르게 할 수 없습니다. 그런 사람들이야말로 하나님의 아들을 다시금 십자가에 못 박고 욕되게 하는 것이기 때문입니다. 7 땅이 자주 내리는 비를 흡수하여 농사짓는 사람

저자는 '성숙한 경지'로 나아가자고 말합니다(1절). 저자가 말하는 그 경지는 어떤 것인가요? 어린아이 시절과 대비되는 성숙에 관한 묘사는 5장 끝부분에 나옵니다. '단단한 음식'(고형식)은 자란 어른, 곧 성숙한 사람의 몫입니다. 성숙이란 오랜 삶의 경험을 통해 잘 단련되고 숙련된 감각, 곧 사물의 옳고 그름을 제대로 판단할 수 있는 판단력을 갖추는 일입니다(5:14). 이는 말씀의 '기본' 곧 유아의 음식을 반복한다고 얻어지는 것이 아닙니다. 성숙하려면 현실과 당당히 마주하며 그 구체적 현장에서 '의의 말씀을 경험해야' 합니다. 이런 삶의 경험치가 쌓이면서 우리는 더 성숙한 감각과 판단력을 갖출 수 있습니다. 현실의 압박 속에서도 옳고 그름을 선명하게 분별하는 판단력, 그리고 이를 실행할 수 있는 과감한 결단력입니다.

에게 유익한 농작물을 내주면, 그 땅은 하나님께로부터 복을 받습니다. 8 그러나 가시덤불과 엉겅퀴를 내면, 그 땅은 쓸모가 없어지고, 저주를 받아서 마침내는 불에 타고 말 것입니다. 9 ○ 사랑하는 여러분, 우리가 이렇게 말하지만, 여러분에게는 구원에 이르게 하는 더 좋은 것들이 있다는 것을 확신합니다. 10 하나님은 불의하신 분이 아니므로, 여러분의 행위와 여러분이 하나님의 이름을 위하여 나타낸 사랑을 잊지 않으십니다. 여러분은 성도들을 섬겼으며, 또 지금도 섬기고 있습니다. 11 여러분 각 사람은 같은 열성을 끝까지 나타내서, 소망을 이루시기 바랍니다. 12 여러분은 게으른 사람이 되지 말고, 믿음과 인내로 약속을 상속받는 사람들을 본받는 사람이 되어야 합니다.

하나님의 확실한 약속

13 ○ 하나님께서는 아브라함에게 약속하실 때에, 자기보다 더 큰 분이 계시지 아니하므로, 자기를 두고 맹세하시고서,

아브라함과 하나님 사이에 있었던 약속과 맹세는 수천 년 전의 일이고, 이스라엘에서의 일입니다. 그것이 오늘을 사는 우리에게도 유효한가요? 히브리서는 아브라함과 하나님의 관계를 조명하며, 그 속에 드러나는 하나님의 신실하심으로 독자의 관심을 이끌어갑니다. 얼핏 아브라함 이야기 같지만, 실은 아브라함의 삶이라는 스크린에 비친 신실하신 하나님에 관한 이야기입니다(13~17절). 아브라함이 오래 참은 끝에 약속을 받았다는 것은 하나님께서 그만큼 약속에 충실하신 분이라는 의미입니다(15절). 그분은 자신의 약속을 끝까지 보증하십니다. 이런 하나님께서 우리에게도 큰 구원의 약속을 주셨습니다. 우리는 아브라함에 관한 성경 말씀을 통해 약속에 충실하신 하나님을 만나고, 우리에게 주신 소망의 확실함을 재확인하며, 느슨해지는 마음을 다잡습니다.

14 말씀하시기를 "내가 반드시 너에게 복을 주고 복을 줄 것이며, 너를 번성하게 하고 번성하게 하겠다" 하셨습니다. 15 그리하여 아브라함은 오래 참은 끝에 그 약속을 받은 것입니다. 16 사람들은 자기보다 더 위대한 이를 두고서 맹세합니다. 그런데 맹세는 그들에게 모든 논쟁을 그치게 하여주고, 확정을 지어줍니다. 17 그래서 하나님께서는, 그 약속을 상속받는 사람들에게 하나님의 뜻이 변하지 않는다는 것을 더욱 환히 나타내 보이시려고, 맹세로써 보증하여주셨습니다. 18 이는 앞에 놓인 소망을 붙잡으려고 세상에서 피하여 나온 사람들인 우리가, 이 두 가지 변할 수 없는 사실 곧 하나님의 약속과 맹세를 의지하여 큰 위로를 받게 하려는 것입니다. 하나님께서는 약속하시고 맹세하실 때에 거짓말을 하실 수 없습니다. 19 우리에게는 이 소망이 있으니, 그것은 안전하고 확실한 영혼의 닻과 같아서, 휘장 안에까지 들어가게 해줍니다. 20 예수께서는 앞서서 달려가신 분으로서, 우리를 위하여 거기에 들어가셔서, 멜기세덱의 계통을 따라 영원히 대제사장이 되셨습니다.

{ 제7장 }

멜기세덱

1 이 멜기세덱은 살렘 왕이요, 지극히 높으신 하나님의 제사장이었습니다. 그는 아브라함이 여러 왕을 무찌르고 돌아올 때에, 그를 만나서 축복해주었습니다. 2 아브라함은 모든 것의 십분의 일을 그에게 나누어주었습니다. 첫째로, 멜기세덱이란 이름은 정의의 왕이라는 뜻이요, 다음으로, 그는 또한 살렘 왕인데, 그것은 평화의 왕이라는 뜻입니다. 3 그에게는 아버지도 없고, 어머니도 없고, 족보도 없고, 생애의 시작도 없고, 생명의 끝도 없습니다. 그는 하나님의 아들과 같아서, 언제까지나 제사장으로 계신 분입니다.

4 ○ 멜기세덱이 얼마나 위대한가를 생각해보십시오. 족장인 아브라함까지도 가장 좋은 전리품의 십분의 일을 그에게 바쳤습니다. 5 레위 자손 가운데서 제사장 직분을 맡는 사람들은, 자기네 동족인 이스라엘 백성에게서, 비록 그 백성도 아브라함

멜기세덱에 대한 자세한 설명을 읽을수록 그의 존재가 더 애매하게 느껴집니다. 그는 신인가요, 천사인가요, 사람인가요? 구약성경 창세기에서는 하나님의 제사장이지만, 히브리서가 묘사하는 멜기세덱은 분명 평범한 사람의 경계를 넘어섭니다. 부모에 관한 기록도, 족보도, 출생과 사망의 기록도 없다는 본문의 '침묵'에서 그가 '영원히 존재하는 사람'이라는 생각을 도출할 수 있습니다. 천사가 아니라 한 인간이지만, 죽음의 한계를 넘어 항상 존재한다는 점에서 그는 '하나님의 아들과 같은' 존재입니다. 곧 '언제까지나 제사장으로 계신' 존재입니다. 하나님의 아들 예수 그리스도는 바로 이 멜기세덱의 계통을 이어받은 제사장이십니다. 그래서 '영원한 제사장'이십니다. 말하자면 멜기세덱은 그리스도 자신은 아니지만, 그리스도의 모습을 미리 보여주는 성경 속 '모형'인 셈입니다.

의 자손이지만, 율법을 따라 십분의 일을 받아들이라는 명령을 받았습니다. 6 그러나 멜기세덱은 그들의 족보에 들지도 않았지만, 아브라함에게서 십분의 일을 받았고, 하나님의 약속을 받은 그 사람을 축복해주었습니다. 7 두말할 것 없이, 축복은 아랫사람이 윗사람에게서 받는 법입니다. 8 한편에서는 죽을 수밖에 없는 사람들이 십분의 일을 받고, 다른 한편에서는 살아 계시다고 입증되시는 분이 그것을 받습니다. 9 말하자면, 십분의 일을 받는 레위까지도 아브라함을 통해서 십분의 일을 바친 셈이 됩니다. 10 멜기세덱이 아브라함을 만났을 때에는, 레위는 아직 자기 조상 아브라함의 허리 속에 있었으니 말입니다.

11 ○ 그런데 이 레위 계통의 제사직과 관련하여, 이스라엘 백성은 율법으로 지령을 받기는 하였습니다. 그러나 만일 그 제사직으로 완전한 것이 이루어질 수 있었다면, 아론의 계통이 아닌 멜기세덱의 계통을 따른 다른 제사장이 생겨날 필요가 어디에 있겠습니까? 12 제사직분에 변화가 생기면, 율법에도 반드시 변화가 생기기 마련입니다. 13 이런 말이 가리키는 분은

멜기세덱의 대단함을 입증하기 위해 족보, 축복, 십분의 일, 제사장직 등등을 동원합니다. 왜 이렇게 따지고 따져서 그의 위대함을 말하는 건가요? 멜기세덱의 영원함에 관한 진술과 더불어(3절), 이스라엘 중 가장 위대한 족장인 '아브라함보다 더 위대한 멜기세덱'에 관한 이야기가 주를 이룹니다. 아브라함을 축복했다는 사실이나 아브라함이 그에게 십일조를 바쳤다는 사실은 모두 그가 더 위대하다는 역사적 증거입니다. 당연히 아브라함의 후손인 레위 계통의 제사장들보다 더 위대합니다. 죽을 수밖에 없는 제사장의 섬김과 언제나 살아 있는 제사장의 섬김이 같을 수 없습니다(8절). 예수님은 바로 이 탁월한 대제사장 직분을 계승하신 분입니다. 이런 대제사장의 등장은 기존의 제사 직분과 율법에 문제가 있었다는 사실의 반증입니다. 기존의 제사 직분과 율법은 무기력했습니다. 그래서 무익한 기존 제도를 폐기하고, 생명의 능력으로 작동하는 새로운 대제사장 직분이 시작되었습니다.

레위 지파가 아닌 다른 지파에 속한 분입니다. 그 지파에 속한 사람으로서는 아무도 제단에 종사한 적이 없습니다. 14 우리 주님께서는 유다 지파에서 나신 것이 명백합니다. 그런데 모세는 제사장들에 관하여 말할 때에, 이 지파와 관련해서는 말한 것이 아무것도 없습니다. 15 멜기세덱과 같은 모양으로 다른 제사장이 생겨난 것을 보면, 이 사실은 더욱더 명백합니다. 16 그는 제사장의 혈통에 대해서 규정한 율법을 따라 제사장이 되신 것이 아니라, 썩지 않는 생명의 능력을 따라 되셨습니다. 17 그를 두고서 말하기를 "너는 멜기세덱의 계통을 따라서, 영원히 제사장이다" 한 증언이 있습니다. 18 전에 있던 계명은 무력하고 무익하므로 폐하게 되었습니다. 19 율법은 아무것도 완전하게 하지 못하였습니다. 그래서 하나님께서는 더 좋은 소망을 우리에게 주셨습니다. 우리는 이 소망을 힘입어서 하나님께 가까이 나아갑니다.

20 ○ 그리고 예수께서는 하나님의 맹세 없이 제사장이 되신 것이 아닙니다. 레위 계통의 사람들은 맹세 없이 제사장이 되었습니다. 21 그러나 예수께서는 자기에게 말씀하시는 분의

하나님이 좋은 소망을 주어서 이제는 계명과 율법이 모두 소용이 없어진 것처럼 말합니다. 정말 그런가요? 단지 새것이 왔다는 이유로 이전 것이 필요 없어진 것이 아닙니다. 이전의 제도와 율법은 애초부터 '무력하고 무익하다'는 한계가 있었습니다. 그런데 '소멸되지 않는 생명의 능력으로' 세워진 새 언약이 바로 이 한계를 극복합니다(16절). 여기서 '계명'과 '율법'은 도덕적 순종의 차원이 아니라 첫 언약이라는 제도, 특별히 제사 제도라는 차원에서 조명된 계명과 율법입니다. 짐승을 드리는 첫 언약의 제사와 그 제도를 떠받치는 율법 규정은 '육신에 속한' 것입니다(16절). 당연히 실제 문제를 해결하기에는 무력하고, 그래서 무익하며, 그래서 폐기돼야 했습니다(18절). 반면 예수님이 대제사장이신 새 언약은 우리에게 '더 좋은 소망'을 제공합니다(19절).

맹세로 제사장이 되신 것입니다. "주님께서 맹세하셨으니, 주님은 마음을 바꾸지 않으실 것이다. 너는 영원히 제사장이다" 하셨습니다. 22 이렇게 해서, 예수께서는 더 좋은 언약을 보증하시는 분이 되셨습니다. 23 또한 레위 계통의 제사장들은 죽음 때문에 그 직무를 계속할 수 없어서, 그 수가 많아졌습니다. 24 그러나 예수는 영원히 계시는 분이므로, 제사장직을 영구히 간직하십니다. 25 따라서 그는 자기를 통하여 하나님께 나아오는 사람들을 완전하게 구원하실 수 있습니다. 그는 늘 살아계셔서 그들을 위하여 중재의 간구를 하십니다.

26 ○ 예수는 이러한 제사장으로 우리에게 적격이십니다. 그는 거룩하시고, 순진하시고, 순결하시고, 죄인들과 구별되시고, 하늘보다 높이 되신 분입니다. 27 그는 다른 대제사장들처럼 날마다 먼저 자기 죄를 위하여 희생제물을 드리고, 그다음에 백성을 위하여 희생제물을 드릴 필요가 없습니다. 그는 자기 자신을 바치셔서 단 한 번에 이 일을 이루셨기 때문입니다. 28 사람들에게 약점이 있어도 율법은 어쩔 수 없이 그들을 대제사장으로 세우지만, 율법이 생긴 이후에 하나님께서 맹세하신 말씀은 영원히 완전하게 되신 아들을 대제사장으로 세웠습니다.

{ 제8장 }

새 언약의 대제사장

1 지금 말한 것들의 요점은 이러합니다. 곧 우리에게는 이와 같은 대제사장이 한 분 계시다는 것입니다. 그는 하늘에서 지엄하신 분의 보좌 오른쪽에 앉으셨습니다. 2 그는 성소와 참 장막에서 섬기시는 분입니다. 이 장막은 주님께서 세우신 것이요, 사람이 세운 것이 아닙니다. 3 모든 대제사장은 예물과 제사를 드리는 일을 맡게 하려고 세우신 사람입니다. 그러므로 이 대제사장도 무엇인가 드릴 것을 가지고 있어야 합니다. 4 그런데 그가 땅에 계신다고 하면, 제사장이 되지는 못하실 것입니다. 땅에서는 율법을 따라 이미 예물을 드리는 사람들이 있기 때문입니다. 5 그러나 그들은 하늘에 있는 것들의 모형과 그림자에 지나지 않는, 땅에 있는 성전에서 섬깁니다. 모세가 장막을 세우려고 할 때에, "너는 명심하여 내가 산에서 네게 보여준 그 모형을 따라 모든 것을 만들어라" 하고 말씀하

히브리서를 쓴 이는 하늘의 것을 본 적도 없을 텐데, 어떻게 땅에 있는 것을 '하늘에 있는 것들의 모형과 그림자'라고 확신하는 건가요? 여기서 하늘과 땅은 문자적 공간이 아니라, 진정한 실재의 세계와 이를 간접적으로 반영하는 세계를 가리킵니다. 이런 말투는 당시 널리 퍼져 있던 플라톤주의적 이원론을 반영합니다. 히브리서에서 하늘은 하나님과의 만남이 가능한 자리입니다. 첫 언약의 제사가 땅에서만 드려진 제사라면, 예수님의 십자가 죽음은 바로 이 하늘, 곧 하나님과의 만남이 가능한 진정한 성소에서 드려진 제사로 해석됩니다. 첫 언약 시대 지상의 성소와 제사는 종말론적으로 이 하늘 성소와 제사를 내다보는 '모형' 혹은 '그림자'로 여겨집니다. 당시의 형이상학적 언어를 가져다가 두 언약의 드라마에 변형해 적용함으로써 예수님을 통한 새 언약의 탁월함을 드러내려는 시도입니다.

신 하나님의 지시를 받은 것입니다. 6 그러나 이제 그리스도께서는 더욱 훌륭한 직무를 맡으셨습니다. 그가 더 좋은 약속을 바탕으로 하여 세운 더 좋은 언약의 중재자이시기 때문입니다.

7 ○ 그 첫 번째 언약에 결함이 없었더라면, 두 번째 언약이 생길 여지가 없었을 것입니다. 8 그런데 하나님께서는 자기 백성을 나무라시면서 이렇게 말씀하셨습니다. "주님께서 말씀하신다. '보아라, 날이 이를 것이다. 그때에 내가 이스라엘 집과 유다 집과 더불어 새 언약을 맺을 것이다.' 9 또 주님께서 말씀하신다. '이 새 언약은, 내가 그들의 조상들의 손을 잡고, 이집트 땅에서 인도하여내던 날에, 그 조상들과 맺은 언약과 같은 것이 아니다. 그들은 내 언약을 지키지 않았으므로, 나도 그들을 돌보지 않았다.' 10 또 주님께서 말씀하신다. '그날 뒤에, 내가 이스라엘 집과 맺을 언약은 이것이니, 나는 내 율법을 그들의 생각에 넣어주고, 그들의 마음에다가 새겨주겠다.

첫 번째 언약에 결함이 없었더라면(7절) 같은 구절, 또 낡고 오래된 것은 곧 사라진다(13절)는 말은 새 언약 이전의 것들을 모두 부정하는 것처럼 들립니다. 그렇게 말하는 이유는 무엇인가요? 구원의 드라마에서 새로운 언약이 필요했다면, 또 그 언약이 실제로 등장했다면, 이는 첫 언약에 모종의 결함이 있었다는 말이 됩니다. 그렇지 않았다면 새로운 것이 와야 할 필요가 없었을 테니까요. 히브리서는 이 '결함'을 '무력함' 혹은 '무능력'으로 규정합니다. 새 생명을 부여할 능력이 없다는 뜻입니다. 예수님은 옛것의 무기력함을 극복하는 새로운 언약의 중개자입니다. 그분의 제사는 '무궁한 생명의 능력으로' 드려졌습니다. 새 언약이 세워진 마당에, '낡고 오래된' 언약은 '사라질' 수밖에 없습니다. 하지만 이는 이전 선지자들을 통해 주신 말씀이 무의미해졌다는 말은 아닙니다(1:1). 오히려 이전의 말씀은 예수 그리스도라는 조명을 받아 더 선명하고 깊은 의미를 드러냅니다. 히브리서의 예수님 이야기가 시종일관 (구약)성경을 바탕으로 전개된다는 사실이 이를 잘 보여줍니다.

그리하여 나는 그들의 하나님이 되고, 그들은 내 백성이 될 것이다. 11 그리고 그들은 각각 자기 이웃과 자기 동족을 가르치려고, 주님을 알라고 말하는 일이 없을 것이니, 작은 사람으로부터 큰 사람에 이르기까지, 모두 나를 알 것이기 때문이다. 12 내가 그들의 불의함을 긍휼히 여기겠고, 더 이상 그들의 죄를 기억하지 않겠다.'" 13 하나님께서 '새 언약'이라고 말씀하심으로써, 첫 번째 언약을 낡은 것으로 만드셨습니다. 낡고 오래된 것은 곧 사라집니다.

{ 제9장 }

땅의 성소와 하늘의 성소

1 첫 번째 언약에도 예배 규정과 세상에 속한 성소가 마련되어 있었습니다. 2 한 장막을 지었는데, 곧 첫째 칸에 해당하는 장막입니다. 그 안에는 촛대와 상이 있고, 빵을 차려놓았으니, 이곳을 '성소'라고 하였습니다. 3 그리고 둘째 휘장 뒤에는, '지성소'라고 하는 장막이 있었습니다. 4 거기에는 금으로 만든 분향제단과 온통 금으로 입힌 언약궤가 있고, 그 안에는 만나를 담은 금항아리와 싹이 난 아론의 지팡이와 언약을 새긴 두 돌판이 들어 있었습니다. 5 그리고 그 언약궤 위에는 영광에 빛나는 그룹들이 있어서, 속죄판을 그 날개로 내리덮고 있었습니다. 지금은 이것들을 자세히 말할 때가 아닙니다.

6 ○ 이것들이 이렇게 마련되어 있어서 첫째 칸 장막에는 제사장들이 언제나 들어가서 제사 의식을 집행합니다. 7 그러나 둘째 칸 장막에는 대제사장만 일 년에 한 번만 들어가는데, 그때

첫 번째 언약에 나오는 예배 규정과 성소에 대한 이야기가 길게 이어집니다. 첫 번째 언약이란 무엇을 말하는 건가요? 첫 언약은 이스라엘이 이집트를 나온 이후 시내산에서 모세의 중재로 하나님과 맺은 언약을 가리킵니다. 이 언약의 토대가 (모세) 율법입니다. 여기에 성소와 예배에 대한 상세 규정이 나옵니다. '하나님께 나아가는' 방식이라는 점에서 첫 언약과 새 언약은 모두 '언약'입니다. 그래서 첫 언약의 제도는 새 언약을 이해하는 출발점입니다. 히브리서 본문은 첫 언약의 성소 및 예배와 비교, 대조하면서 새 언약의 의미를 설명합니다. 첫 언약 성소의 구조와 예배 방식 자체가 '하나님께 나아가는' 예배로서의 한계를 품고 있는데, 새 언약의 하늘 성소와 거기서 드려진 예수님의 제사인 십자가 희생을 통해 하나님께 나아갈 수 있게 되었다는 주장입니다.

에는 반드시 자기 자신을 위하여, 또 백성이 모르고 지은 죄를 사하기 위하여 바칠 피를 가지고 들어갑니다. 8 이것은 첫째 칸 장막이 서 있는 동안에는 아직 지성소로 들어가는 길이 드러나지 않았음을 성령께서 보여주시는 것입니다. 9 이 장막은 현 시대를 상징합니다. 그 장막 제의를 따라 예물과 제사를 드리지만, 그것이 의식 집례자의 양심을 완전하게 해주지는 못합니다. 10 이런 것은 다만 먹는 것과 마시는 것과 여러 가지 씻는 예식과 관련된 것이고, 개혁의 때까지 육체를 위하여 부과된 규칙들입니다.

11 ○ 그러나 그리스도께서는 이미 일어난 좋은 일을 주관하시는 대제사장으로 오셔서 손으로 만들지 않은 장막, 다시 말하면, 이 피조물에 속하지 않은 더 크고 더 완전한 장막을 통과하여 12 단 한 번에 지성소에 들어가셨습니다. 그는 염소나 송아지의 피로써가 아니라, 자기의 피로써, 우리에게 영원한 구원을 이루셨습니다. 13 염소나 황소의 피와 암송아지의 재를 더러워진 사람들에게 뿌려도, 그 육체가 깨끗하여져서, 그들이 거룩하게 되거든, 14 하물며 영원한 성령을 힘입어 자기 몸

그리스도가 완전한 장막을 통과해 영원한 구원이 이루어졌다고 합니다(11-12절). 그런 일은 언제 어떻게 이루어졌나요? 하늘의 장막(천막) 혹은 성소는 물리적 공간이 아니라, 예수님의 역할을 설명하는 상징적 언어입니다. 자기 몸을 희생하신 예수님의 십자가 죽음은 하늘 장막, 곧 불완전한 지상의 장막과 달리 완전한 장막에서 드려진 완전한 제사입니다. 첫 언약의 제사는 효과가 제한적이고 잠시뿐이라 늘 반복해야 했습니다. 반면 한 번에 드려진 예수님의 제사는 죄를 확실하게 없애기 때문에, 더 이상 제사가 필요 없습니다. 첫 언약에서 지성소는 휘장으로 가로막혀 있었지만, 예수님의 십자가 희생은 이 휘장을 통과해 하나님께 가는 길을 개척한 사건입니다. 우리는 그분을 통해 하나님께 나아가는 참 예배를 드릴 수 있게 되었습니다. 그래서 그분은 '영원한 구원'을 이루시는 '영원한 제사장'입니다.

을 흠 없는 제물로 삼아 하나님께 바치신 그리스도의 피야말로, 더욱더 우리들의 양심을 깨끗하게 해서, 우리로 하여금 죽은 행실에서 떠나서 살아계신 하나님을 섬기게 하지 않겠습니까?

15 ○ 그러므로 그리스도는 새 언약의 중재자이십니다. 그는 첫 번째 언약 아래에서 저지른 범죄에서 사람들을 구속하시기 위하여 죽으심으로써, 부르심을 받은 사람들로 하여금 약속된 영원한 유업을 차지하게 하셨습니다. 16 유언의 효력을 논의하는 경우에는, 유언한 사람이 죽었다는 확인이 꼭 필요합니다. 17 유언이라는 것은 유언한 사람이 죽어야만 효력을 냅니다. 유언한 사람이 살아 있는 동안에는 유언은 아무런 효력이 없기 때문입니다. 18 이러므로 첫 번째 언약도 피 없이 세운 것은 아닙니다. 19 모세가 율법을 따라 모든 계명을 백성에게 말한 뒤에, 물과 붉은 양털과 우슬초와 함께 송아지 피와 염소 피를 취하여 언약책과 온 백성에게 뿌리고서, 20 "이것은 하나님께서 여러분에게 명하신 언약의 피입니다" 하고 말하였습니다. 21 또 같은 방식으로 그는 장막과 제사 의식에 쓰이는 모든

짐승의 피를 뿌려 깨끗해진다니, 이해하기 어렵습니다. 이것은 이스라엘의 전통인가요? 용서는 본질적으로 대리적입니다. 죄에 대한 책임을 다른 누군가가 대신 지기 때문입니다. (고대의 희생 제의처럼) 이스라엘의 첫 언약 예배 역시 짐승을 죽이는 상징적 의식을 통해 하나님의 용서를 표현했습니다. 올바른 절차대로 제사를 드리면, 이는 범죄자를 다시 깨끗하고 거룩하게 합니다. 짐승의 피가 가진 속죄의 효력입니다. 문제는 제사가 '육체'를 깨끗하게 할 뿐, 죄의 원인인 '양심' 혹은 범죄를 야기하는 우리 속의 '죄' 자체는 건드리지 못하는 한계입니다. 하나님의 아들이 사람이 되어 드리신 십자가 제사는 이 한계를 극복합니다. 죄를 없애며, 우리 양심을 깨끗하게 해서 살아계신 하나님을 제대로 섬기게 합니다. 속죄 제사가 다시는 필요 없는 이유가 여기 있습니다.

기구에도 피를 뿌렸습니다. 22 율법에 따르면, 거의 모든 것이 피로 깨끗해집니다. 그리고 피를 흘림이 없이는, 죄를 사함이 이루어지지 않습니다.

그리스도의 희생으로 이루어진 속죄

23 ○ 그러므로 하늘에 있는 것들의 모형물은 이런 여러 의식으로 깨끗해져야 할 필요가 있지만, 하늘에 있는 것들은 이보다 나은 희생제물로 깨끗해져야 합니다. 24 그리스도께서는 참 성소의 모형에 지나지 않는, 손으로 만든 성소에 들어가신 것이 아니라, 바로 하늘 성소 그 자체에 들어가셨습니다. 이제 그는 우리를 위하여 하나님 앞에 나타나셨습니다. 25 대제사장은 해마다 짐승의 피를 가지고 성소에 들어가지만, 그리스도께서는 그 몸을 여러 번 바치실 필요가 없습니다. 26 그리스도께서 그 몸을 여러 번 바치셔야 하였다면, 그는 창세 이래로

그리스도가 죄와는 상관없이, 자기를 기다리고 있는 사람들에게 나타나셔서 구원하실 것(28절)이라고 말합니다. 그리스도가 다시 올 예정이라는 말인가요? 신약성경의 교회 이야기는 예수님의 죽음과 부활에 이어, 그분의 떠나가심(승천)과 더불어 본격적으로 시작됩니다(눅 24장, 행 1장). 곧 예수님의 (물리적) 부재를 전제로 한 이야기입니다. 그래서 신약성경에서 강조하는 신앙의 한 축은 현재 계시지 않는(absence) 예수님의 임재(presence), 곧 그분의 다시 오심에 대한 고대입니다. 지상의 '역사적' 예수님을 회고하는 4개의 복음서(마태복음서, 마가복음서, 누가복음서, 요한복음서)에도 이 신앙이 깊이 깔려 있습니다. 이날은 '그리스도의 날'이라 부릅니다. 우리의 삶과 지상의 역사를 종결짓는 심판과 구원의 날입니다. 죽은 자가 부활하고 새로운 존재로 변화하는 때이기도 합니다. 이 재림이 실제 어떤 모습일지는 알 수 없지만, 우리의 삶에는 끝이 있고, 하나님께서는 우리의 삶에 따라 구원 혹은 심판으로 갚아주실 것입니다. 바로 그리스도께서 다시 오시는 그날의 이야기입니다.

여러 번 고난을 받아야 하셨을 것입니다. 그러나 이제 그는 자기를 희생제물로 드려서 죄를 없이하시기 위하여 시대의 종말에 단 한 번 나타나셨습니다. 27 사람이 한 번 죽는 것은 정해진 일이요, 그 뒤에는 심판이 있습니다. 28 이와 같이 그리스도께서도 많은 사람의 죄를 짊어지시려고, 단 한 번 자기 몸을 제물로 바치셨고, 두 번째로는 죄와는 상관없이, 자기를 기다리고 있는 사람들에게 나타나셔서 구원하실 것입니다.

{ 제10장 }

1 율법은 장차 올 좋은 것들의 그림자일 뿐이요, 실체가 아니므로, 해마다 반복해서 드리는 똑같은 희생제사로써는 하나님께로 나오는 사람들을 완전하게 할 수 없습니다. 2 만일 완전하게 할 수 있었더라면, 제사를 드리는 사람들이 한 번 깨끗하여진 뒤에는, 더 이상 죄의식을 가지지 않을 것이고, 따라서 제사드리는 일을 중단하지 않았겠습니까? 3 그러나 제사에는 해마다 죄를 회상시키는 효력은 있습니다. 4 황소와 염소의 피가 죄를 없애줄 수는 없습니다. 5 그러므로 그리스도께서 세상에 오실 때에, 하나님께 이렇게 말씀하셨습니다. "주님은 제사와 예물을 원하지 않으셨습니다. 그래서 나에게 입히실 몸을 마련하셨습니다. 6 주님은 번제와 속죄제를 기뻐하지 않으셨습니다. 7 그래서 내가 말하였습니다. '보십시오, 하나님! 나를 두고 성경에 기록되어 있는 대로 나는 주님의 뜻을 행하러 왔습니다.'" 8 위에서 그리스도께서 "주님은 제사와 예물과 번제

하나님은 거듭 제사와 예물을 원치 않았다고 말합니다. 하지만 그것들을 상세히 규정한 것은 하나님 아니었나요? 너무 앞뒤가 안 맞는 이야기로 들립니다. 하나님께서는 이스라엘이 제사와 예물을 드려 하나님을 예배하도록 하셨습니다. 하지만 이 제사는 그 자체로 하나님을 향한 순종의 통로가 아니라 순종의 실패를 다루는, 그래서 새로운 순종의 삶을 가능하게 하는 일종의 회생 절차에 가깝습니다. 그런데 이스라엘은 이 '제사와 예물'에는 대단한 열정을 쏟으면서도 정작 그 제도가 가리키는 순종의 삶을 소홀히 할 때가 많았습니다. 이럴 때 "제사가 다 무슨 소용이냐?" 하는 꾸지람이 등장합니다. 사무엘 선지자의 말처럼 "순종이 제사보다 낫"는 말입니다. 하나님께서는 제사 자체를 기대하신 것이 아니라, 그 제사의 도움을 받아 순종하며 하나님을 섬기는 백성을 기대하셨습니다. 히브리서는 예수님을 통한 새 언약이 바로 하나님의 이런 참 의도를 구현한다고 선언합니다.

와 속죄제를 원하지도 기뻐하지도 않으셨습니다" 하고 말씀하셨습니다. 이런 것들은 율법을 따라 드리는 것들입니다. 9 그 다음에 말씀하시기를 "보십시오, 나는 주님의 뜻을 행하러 왔습니다" 하셨습니다. 그리스도께서는 두 번째 것을 세우시려고, 첫 번째 것을 폐하셨습니다. 10 이 뜻을 따라 예수 그리스도께서 자기 몸을 단번에 드리심으로써 우리는 거룩하게 되었습니다.

11 ○ 모든 제사장은 날마다 제단에 서서 직무를 수행하면서 똑같은 제사를 거듭 드리지만, 그러한 제사가 죄를 없앨 수는 없습니다. 12 그러나 그리스도께서는 죄를 사하시려고, 단 한 번의 영원히 유효한 제사를 드리신 뒤에 하나님 오른쪽에 앉으셨습니다. 13 그러고서 그는 그의 원수들이 그의 발 아래에 굴복할 때까지 기다리고 계십니다. 14 그는 거룩하게 되는 사람들을 단 한 번의 희생제사로 영원히 완전하게 하셨습니다.

15 ○ 그리고 성령도 우리에게 증언하여주십니다. 먼저 이렇

"단 한 번의 희생제사로 영원히 완전하게"(14절). 예수의 이 역할을 기다리며 인류가 수천 년의 시간을 보내야 했다면, 그것은 인류에게 너무 가혹한 처사가 아닌가요? 1세기 로마제국 치하의 팔레스타인에서 태어난 예수님의 이야기가 온 세상을 구원하는 복음의 원천이 되고, 그분의 짧은 생애와 죽음과 부활이 인류의 모든 시간의 역사에 의미를 부여하는 중심이라는 주장은 참 이상하게 들립니다. 복음 이야기가 왜 이런 식인지는 지금 우리가 답할 수 있는 물음이 아닙니다. 예수님 이전의 숱한 시간과 예수님을 알 수 없었던 숱한 사람들에 관해서도 말하기 어렵습니다. 다만 예수님을 만나고 그분의 죽음과 부활을 경험했던 사람들은 그분이 세상의 구원자라는 깨달음을 얻었습니다. 이 복음은 널리 퍼져 오늘 우리 가운데 많은 이들도 같은 신념을 갖게 되었습니다. 우리는 이 신앙을 토대로 '지금, 여기서' 살아갑니다. 모든 것이 정해진 목적지에 도달하는 때, 아마 우리는 이 모든 과정의 의미를 이해할 수 있을 것입니다.

게 말씀하셨습니다. 16 "주님께서 말씀하신다. '그날 이후에, 내가 그들에게 세워줄 언약은 이것이다. 나는 내 율법을 그들의 마음에 박아주고, 그들의 생각에 새겨주겠다. 17 또 나는 그들의 죄와 불법을 더 이상 기억하지 않겠다.'" 18 죄와 불법이 용서되었으니, 죄를 사하는 제사가 더 이상 필요 없습니다.

굳게 섭시다

19 ○ 그러므로 형제자매 여러분, 우리는 예수의 피를 힘입어서 담대하게 지성소에 들어가게 되었습니다. 20 예수께서는 휘장을 뚫고 우리에게 새로운 살 길을 열어주셨습니다. 그런데 그 휘장은 곧 그의 육체입니다. 21 그리고 우리에게는 하나님의 집을 다스리시는 위대한 제사장이 계십니다. 22 그러니 우리는 확고한 믿음을 가지고, 참된 마음으로 하나님께 나아갑시다. 우리는 마음에다 예수의 피를 뿌려서 죄책감에서 벗

예수가 휘장을 뚫고 우리에게 새로운 살 길을 열어주었고, 그 휘장은 곧 그의 육체라고 설명합니다(20절). 난데없이 나온 이 휘장은 무엇을 말하는 건가요? 첫 언약의 성막은 첫 번째 장막인 '성소'와 더 안쪽에 있는 두 번째 장막인 '지성소'로 나뉩니다. 이 둘을 막는 것이 '휘장'입니다. 성소는 제사장들이 일상적으로 섬기는 공간인 반면, 가장 거룩한 공간인 지성소는 출입할 수 없는 곳입니다. 오직 대제사장만, 그것도 일 년 중 속죄일 단 한 번만 들어갈 수 있었습니다. 이런 성막의 구조는 "하나님께로 가는 길이 없다"는 메시지를 전달합니다. 예수님의 십자가 죽음, 곧 그분이 드린 제사는 이 휘장을 뚫고 하나님께 나아갈 수 있는 '새로운 살 길'을 열었습니다. 그분의 몸, 즉 육체의 죽음을 통해 이루어진 일이라 이를 휘장의 찢김과 연결한 것입니다(막 15:38; 마 27:51). 이제 우리는 이 예수님을 통해 '참된 마음과 굳센 믿음으로' 하나님께 나아갈 수 있습니다. 새 언약 백성으로서 순종의 삶으로 하나님을 섬기며, 하나님께서 약속하신 구원을 향한 여정을 이어갑니다.

어나고, 맑은 물로 몸을 깨끗이 씻었습니다. 23 또 우리에게 약속하신 분은 신실하시니, 우리는 흔들리지 말고, 우리가 고백하는 그 소망을 굳게 지킵시다. 24 그리고 서로 마음을 써서 사랑과 선한 일을 하도록 격려합시다. 25 어떤 사람들의 습관처럼, 우리는 모이기를 그만하지 말고, 서로 격려하여 그날이 가까워 오는 것을 볼수록, 더욱 힘써 모입시다.

26 ○ 우리가 진리에 대한 지식을 얻은 뒤에도 짐짓 죄를 짓고 있으면, 속죄의 제사가 더 이상 남아 있지 않습니다. 27 남아 있다고 예상할 수 있는 것은 무서운 심판과 반역자들을 삼킬 맹렬한 불뿐입니다. 28 모세의 율법을 어긴 사람도 두세 증인의 증언이 있으면 가차 없이 사형을 받는데, 29 하나님의 아들을 짓밟고, 자기를 거룩하게 해준 언약의 피를 대수롭지 않게 여기고, 은혜의 성령을 모욕한 사람은, 얼마나 더 무서운 벌을 받아야 하겠는가를 생각해보십시오. 30 "원수를 갚는 것은 내가 할 일이니, 내가 갚아주겠다" 하고 말씀하시고, 또 "주님께서 그의 백성을 심판하실 것이다" 하신 분을, 우리는 알고 있습니다. 31 살아계신 하나님의 징벌하시는 손에 떨어지는 것은 무서운 일입니다.

그들의 처음 시절은 언제를 말하며, 왜 그들은 처음에 고난의 싸움을 많이 견뎌야 했나요? 다신교적 문화 및 로마의 통치 아래에서는 예수 그리스도를 '구원자'요 '주'로 섬기는 일이 사회적, 경제적 자충수였습니다. 하나님만을 섬기는 신앙은 다른 많은 신을 부인하는 불경이었습니다. 종교가 일상과 정치에 깊이 스며 있는 사회에서 신자들의 독특한 행보는 종종 반사회적이거나 반체제적인 행태로 보였습니다. 다양한 형태의 사회적, 정치적 압박이 있었고, 경제적 손실이나 물리적 위해를 당하는 일도 적지 않았습니다. '명예와 수치'에 더 민감했던 시대적 분위기에서 사회적 모욕과 따돌림 역시 견디기 쉽지 않았을 것입니다. 그럼에도 불구하고 문화

32 ㅇ 여러분은 빛을 받은 뒤에, 고난의 싸움을 많이 견디어낸 그 처음 시절을 되새기십시오. 33 여러분은 때로는 모욕과 환난을 당하여, 구경거리가 되기도 하고, 그런 처지에 놓인 사람들의 친구가 되기도 하였습니다. 34 여러분은 감옥에 갇힌 사람들과 고통을 함께 나누었고, 또한 자기 소유를 빼앗기는 일이 있어도, 그보다 더 좋고 더 영구한 재산이 있다는 것을 알고서, 그런 일을 기쁘게 당하였습니다. 35 그러므로 여러분의 확신을 버리지 마십시오. 그 확신에는 큰 상이 붙어 있습니다. 36 여러분이 하나님의 뜻을 행하고서, 그 약속해주신 것을 받으려면, 인내가 필요합니다. 37 이제 "아주 조금만 있으면, 오실 분이 오실 것이요, 지체하지 않으실 것이다. 38 나의 의인은 믿음으로 살 것이다. 그가 뒤로 물러서면, 내 마음이 그를 기뻐하지 않을 것이다." 39 우리는 뒤로 물러나서 멸망할 사람들이 아니라, 믿음을 가져 생명을 얻을 사람들입니다.

적, 사회적 승인이 아닌 하나님과 그리스도를 향한 신앙이 참 생명의 열쇠임을 발견한 신자들은 그런 어려움을 감내했습니다. 하지만 길고 힘겨운 고난은 신앙에 대한 도전일 수밖에 없습니다. 히브리서는 바로 이런 어려움에 지쳐가는 신자들을 향한 격려와 권고입니다.

{ 제11장 }

믿음

1 믿음은 바라는 것들의 확신이요, 보이지 않는 것들의 증거입니다. 2 선조들은 이 믿음으로 살았기 때문에 훌륭한 사람으로 증언되었습니다.

3 ○ 믿음으로 우리는 세상이 하나님의 말씀으로 지어졌다는 것을 깨닫습니다. 보이는 것은 나타나 있는 것에서 된 것이 아닙니다.

4 ○ 믿음으로 아벨은 가인보다 더 나은 제물을 하나님께 드렸습니다. 이런 제물을 드림으로써 그는 의인이라는 증언을 받았으니, 하나님께서 그의 예물에 대하여 증언하여주신 것입니다. 그는 죽었지만, 이 믿음으로 말미암아 아직도 말하고 있습니다. 5 믿음으로 에녹은 죽지 않고 하늘로 옮겨갔습니다. 하나님께서 그를 옮기셨으므로, 우리는 그를 찾을 수 없었습니다. 옮겨가기 전에 그는 하나님을 기쁘게 해드렸다는 증언을

11장에서 말하는 '믿음'은 무엇인가요? 철저하게 주관적인 자기 확신으로 느껴집니다. 그렇다면 믿음은 실체가 없는 건가요? 믿음은 분명 '주관적 자기 확신'입니다. 하지만 스스로에 대한 확신이 아니라 하나님에 대한, 그리고 그분이 약속하신 미래에 대한 견고한 신뢰입니다(1절). 물론 하나님의 미래를 신뢰하는 사람은 미래가 없다고 생각하는 사람과는 다른 방식으로 오늘을 살아갑니다. 11장은 이렇게 '믿음으로' 주어진 삶을 살았던 이들의 이야기입니다. 구약 시대 믿음의 사람들은 그들의 시대를 넘어가는 먼 미래를 소망하며 그들의 현재를 살았습니다. 새 언약의 백성은 예수 그리스도께서 이 약속을 현실로 만드는 열쇠라는 사실, 그래서 그분을 통해 더 생생하고 든든한 약속을 소유하게 되었다는 것을 믿습니다. 우리의 삶은 일시적인 삶의 욕망과 영원을 고대하는 믿음 사이의 선택입니다.

받은 것입니다. 6 믿음이 없이는 하나님을 기쁘게 해드릴 수 없습니다. 하나님께 나아가는 사람은, 하나님이 계시다는 것과, 하나님은 자기를 찾는 사람들에게 상을 주시는 분이시라는 것을 믿어야 합니다. 7 믿음으로 노아는, 하나님께서 아직 보이지 않는 일들에 대하여 경고하셨을 때에, 하나님을 경외하고 방주를 마련하여 자기 가족을 구원하였습니다. 이 믿음을 통하여 그는 세상을 단죄하고, 믿음을 따라 얻는 의를 물려받는 상속자가 되었습니다.

8 ○ 믿음으로 아브라함은, 부르심을 받았을 때에 순종하고, 장차 자기 몫으로 받을 땅을 향해 나갔습니다. 그런데 그는 어디로 가는지를 알지 못했지만, 떠난 것입니다. 9 믿음으로 그는, 약속하신 땅에서 타국에 몸 붙여 사는 나그네처럼 거류하였으며, 같은 약속을 함께 물려받을 이삭과 야곱과 함께 장막에서 살았습니다. 10 그는 하나님께서 설계하시고 세우실 튼튼한 기초를 가진 도시를 바랐던 것입니다. 11 믿음으로 사라는, 나이가 지나서 수태할 수 없는 몸이었는데도, 임신할 능력을 얻었습니다. 그가 약속하신 분을 신실하신 분으로 생각했

노아, 아브라함, 사라의 선택에 대해 말합니다. 그들의 믿음에서 찾을 수 있는 공통점은 무엇인가요? 수많은 믿음의 사람 가운데 이들은 매우 극적인 사례를 보여줍니다. 이들은 모두 하나님의 약속에 반대되는 혹은 이를 불가능한 것으로 만드는 현실에서도 하나님의 약속을 신뢰하며 그 약속에 맞게 행동했습니다. 마른 날씨에 거대한 방주를 만들었으며, 갈 곳도 모르면서 길을 떠나고 생식 능력이 이미 '죽은' 나이에 하나님의 약속을 신뢰했습니다. 하나님께서는 그 약속을 실행하심으로써 그들의 믿음이 올바른 선택임을 보여주셨습니다. 살아계신 하나님의 말씀은 빈말이 아닙니다. 하나님께서는 자기를 신뢰하는 이에게 반드시 '갚아주시는' 분입니다(6절). 지금 어려움에 허덕이는 히브리서의 독자들도 이들의 믿음을 반추하며, 불리해 보이는 현재에 굴복하지 말고 약속을 신뢰하면서 인내해야 한다는 것을 보여주는 사례들입니다.

기 때문입니다. 12 그래서 죽은 사람이나 다름없는 한 사람에게서, 하늘의 별과 같이 많고 바닷가의 모래와 같이 셀 수 없는, 많은 자손이 태어나게 되었습니다.

13 ○ 이 사람들은 모두 믿음을 따라 살다가 죽었습니다. 그들은 약속하신 것을 받지는 못했지만, 그것을 멀리서 바라보고 반겼으며, 땅에서는 길손과 나그네 신세임을 고백하였습니다. 14 이런 말을 하는 사람들은 자기네가 고향을 찾고 있다는 것을 나타내는 것입니다. 15 그들이 만일 떠나온 곳을 생각하고 있었더라면, 돌아갈 기회가 있었을 것입니다. 16 그러나 사실은 그들은 더 좋은 곳을 동경하고 있었던 것입니다. 그것은 곧 하늘의 고향입니다. 그래서 하나님께서는 그들의 하나님이라고 불리는 것을 부끄러워하지 않으시고, 그들을 위하여 한 도시를 마련해두셨습니다.

17 ○ 아브라함은 시험을 받을 때에, 믿음으로 이삭을 바쳤습니다. 더구나 약속을 받은 그가 그의 외아들을 기꺼이 바치려 했던 것입니다. 18 일찍이 하나님께서 아브라함에게 말씀하시기를 "이삭에게서 네 자손이라 불릴 자손들이 태어날 것이다"

믿음을 가진 사람들의 선택은 현재가 아닌 미래를 바라보고 있는 것 같습니다. 그렇다면 믿음은 미래를 위한 것인가요? '구원받았다'는 표현에 익숙한 항간의 분위기와 달리, 히브리서를 비롯한 신약성경은 약속하신 구원을 향해 가는 순례로 우리 삶을 묘사합니다. 우리는 출애굽의 놀라운 경험과 가나안에 대한 희망 사이에서 광야를 걷는 이스라엘과 같습니다. 예수님을 통해 구원의 복음을 받은 사람으로서 약속하신 구원과 안식의 미래를 소망하며 달려갑니다. 여기서 중요한 것은 하나님의 약속을 신뢰하는 것입니다. 그러나 우리가 사는 현실은 이 약속을 허무맹랑한 것으로 보이게 만들 수 있습니다. 그렇기에 믿음의 달리기를 계속하는 데 필요한 것은 이 약속에 대한 확신, 약속하신 하나님의 신실하심에 대한 확신입니다.

하셨습니다. 19 하나님께서는 이삭을 죽은 사람들 가운데서도 되살리실 수 있다고 아브라함은 생각했던 것입니다. 그러므로 비유하자면, 아브라함은 이삭을 죽은 사람들 가운데서 되받은 것입니다. 20 믿음으로 이삭은, 또한 장래 일을 놓고 야곱과 에서를 축복해주었습니다. 21 야곱은 죽을 때에, 믿음으로 요셉의 아들들을 하나하나 축복해주고, 그의 지팡이를 짚고 서서, 하나님께 경배를 드렸습니다. 22 믿음으로 요셉은 죽을 때에, 이스라엘 자손들이 이집트에서 나갈 일을 언급하고, 자기 뼈를 어떻게 할지를 지시하였습니다.

23 ㅇ 모세가 태어났을 때에, 믿음으로 그 부모는 석 달 동안 아기를 숨겨두었습니다. 그들은 아기가 잘생긴 것을 보았기 때문입니다. 그들은 왕의 명령을 두려워하지 않았습니다. 24 믿음으로 모세는, 어른이 되었을 때에, 바로 왕의 공주의 아들이라 불리기를 거절하였습니다. 25 오히려 그는 잠시 죄의 향락을 누리는 것보다 하나님의 백성과 함께 학대받는 길을 택하였습니다. 26 모세는 그리스도를 위하여 받는 모욕을 이집트의 재물보다 더 값진 것으로 여겼습니다. 그는 장차 받을 상

모세는 현재의 안위보다 학대와 모욕을 받는 길을 선택했습니다. 믿음으로 사는 데엔 늘 이렇게 고난이 따르는 법인가요? 그냥 '평범'한 신앙의 사람도 무수히 많지만, 공동체의 기억에는 좀 더 두드러진 사례들이 남기 마련입니다. 11장에 소개된 사람들은 대부분 그처럼 극적인 인생을 살았던 이들입니다. 모세도 그중 하나입니다. 사람마다 상황도 다르고 선택의 결과도 다르지만, 무엇을 바라보며 사는지는 다르지 않습니다. 당장의 욕망이나 사람들의 인정에 집착하는 대신, 하나님의 약속을 기억하며 그 목표에 어울리는 길을 선택하려는 결단입니다. 모세처럼 큰 역경을 마주할 수도 있고, 좀 더 일상적이지만 그래서 더 집요한 유혹과 마주할 수도 있습니다. 대담한 패션쇼의 옷이 일상복은 아니지만 일상복에 영감을 주는 것처럼, 극적인 믿음의 사례들은 일상을 사는 우리 모두에게 올바른 선택을 위한 지혜와 용기를 북돋아줍니다.

을 내다보고 있었던 것입니다. 27 믿음으로 그는 왕의 분노를 두려워하지 않고 이집트를 떠났습니다. 그는 보이지 않는 분을 마치 보는 듯이 바라보면서 견디어냈습니다. 28 믿음으로 모세는, 유월절과 피 뿌리는 의식을 행하여서, 모든 맏아들 및 맏배를 멸하는 이가 그들을 건드리지 않게 하였습니다. 29 믿음으로 이스라엘 사람들은 홍해를 마른 땅을 지나가듯이 건넜습니다. 그러나 이집트 사람들은 그렇게 해보다가 빠져 죽었습니다. 30 믿음으로 이레 동안 여리고 성을 돌았더니, 성벽이 무너졌습니다. 31 믿음으로 창녀 라합은 정탐꾼들을 호의로 영접해주어서, 순종하지 않은 사람들과 함께 망하지 아니하였습니다.

32 ○ 내가 무슨 말을 더 하겠습니까? 기드온, 바락, 삼손, 입다, 다윗, 사무엘, 그리고 예언자들의 일을 말하려면, 시간이 모자랄 것입니다. 33 그들은 믿음으로 나라들을 정복하고, 정의를 실천하고, 약속된 것을 받고, 사자의 입을 막고, 34 불의 위력을 꺾고, 칼날을 피하고, 약한 데서 강해지고, 전쟁에서 용맹을 떨치고, 외국 군대를 물리쳤습니다. 35 믿음으로 여자들은 죽었다가 부활한 가족을 다시 맞이하였습니다. 또 어

믿음으로 훌륭한 평판을 받았지만 약속된 것을 받지는 못했다고 말합니다(39절). 그렇게 된 이유가 궁금합니다. 첫 언약의 시기는 새 언약을 바라보는 시기였습니다. 그리스도는 새 언약을 이루셨고, 이젠 그리스도 안에서 하나님의 오랜 약속은 더 구체적이고 확실한 약속으로 선포되었습니다. 새 언약의 백성은 이 약속의 최종 성취를 향해 가는 시기를 살아갑니다. 반면 이전 믿음의 선배들은 예수님을 통해 이루어질 새 언약과 하나님의 약속이 이루어질 마지막 때를 '멀리서 바라보고' 그 것을 '반가이 맞이하는' 자태로 살아갔습니다. 그들이 선 삶의 자리를 분명히 인식하고, 그에 맞는 믿음의 태도를 보여준 것입니다. 히브리서는 새 언약의 백성도 바

떤 이들은 고문을 당하면서도 더 좋은 부활의 삶을 얻고자 하여, 구태여 놓여나기를 바라지 않았습니다. 36 또 어떤 이들은 조롱을 받기도 하고, 채찍으로 맞기도 하고, 심지어는 결박을 당하기도 하고, 감옥에 갇히기까지 하면서 시련을 겪었습니다. 37 또 그들은 돌로 맞기도 하고, 톱질을 당하기도 하고, 칼에 맞아 죽기도 하였습니다. 그들은 궁핍을 당하며, 고난을 겪으며, 학대를 받으면서, 양과 염소의 가죽을 입고 떠돌았습니다. 38 세상은 이런 사람들을 받아들일 만한 곳이 못 되었습니다. 그래서 그들은 광야와 산과 동굴과 땅굴을 헤매며 다녔습니다.

39 ○ 이 사람들은 모두 믿음으로 말미암아 훌륭한 사람이라는 평판은 받았지만, 약속된 것을 받지는 못하였습니다. 40 하나님께서 우리를 위하여 더 좋은 계획을 미리 세워두셔서, 우리가 없이는 그들이 완성에 이르지 못하게 하신 것입니다.

로 이런 믿음을 본받아야 한다고 말합니다. 약속된 구원을 더 가까이 더 생생하게 보는 사람답게, 끈질긴 믿음으로 현재의 어려움을 마주하면서 끝까지 믿음의 달리기를 멈추지 말자는 호소입니다.

{ 제12장 }

주님의 훈련

1 그러므로 이렇게 구름 떼와 같이 수많은 증인이 우리를 둘러 싸고 있으니, 우리도 갖가지 무거운 짐과 얽매는 죄를 벗어버리고, 우리 앞에 놓인 달음질을 참으면서 달려갑시다. 2 믿음의 창시자요 완성자이신 예수를 바라봅시다. 그는 자기 앞에 놓여 있는 기쁨을 내다보고서, 부끄러움을 마음에 두지 않으시고, 십자가를 참으셨습니다. 그리하여 그는 하나님의 보좌 오른쪽에 앉으셨습니다. 3 자기에 대한 죄인들의 이러한 반항을 참아내신 분을 생각하십시오. 그리하면 여러분은 낙심하여 지치는 일이 없을 것입니다.

4 ○ 여러분은 죄와 맞서서 싸우지만, 아직 피를 흘리기까지 대항한 일은 없습니다. 5 또 여러분은, 하나님께서 여러분을 향하여 자녀에게 말하듯이 하신 이 권면을 잊었습니다. "내 아들아, 주님의 징계를 가볍게 여기지 말고, 그에게 꾸지람을 들

예수를 기준으로 제시하며 참으라고 말합니다(2–3절). 종교적인 박해를 염두에 두고 하는 말인가요? 이 땅에서 하나님의 뜻을 실천하는 삶은 반대와 박해를 각오해야 하는 경우가 적지 않습니다. 신앙 때문에 겪는 어려움이지만, '종교적' 차원에 머물지는 않습니다. 십자가 죽음이라는 고난과 모욕을 견뎌야 했던 예수님의 모습이 이를 잘 보여줍니다. 물론 그분은 끝까지 이를 견디며 순종의 자태를 포기하지 않으셨습니다. 그리고 이렇게 우리를 위한 믿음의 '선구자'가 되셨습니다(2:10; 6:20; 12:2). 성경은 예수님을 따르는 제자들의 삶도 크게 다르지 않을 것이라고 예고합니다. 그래서 제자의 삶은, 바울의 말처럼, 그리스도의 고난에 함께 참여하는 삶이라 할 수 있습니다. 예수님처럼 고난과 모욕의 현재를 인내하면서, 하나님께서 약속하신 구원을 향해 달리는 삶입니다.

을 때에 낙심하지 말아라. 6 주님께서는 사랑하시는 사람을 징계하시고, 받아들이시는 아들마다 채찍질하신다." 7 징계를 받을 때에 참아내십시오. 하나님께서는 자녀에게 대하시듯이 여러분에게 대하십니다. 아버지가 징계하지 않는 자녀가 어디에 있겠습니까? 8 모든 자녀가 받은 징계를 여러분이 받지 않는다고 하면, 여러분은 사생아이지, 참 자녀가 아닙니다. 9 우리가 육신의 아버지도 훈육자로 모시고 공경하거든, 하물며 영들의 아버지께 복종하고 살아야 한다는 것은 더욱더 당연한 일이 아니겠습니까? 10 육신의 아버지는 잠시 동안 자기들의 생각대로 우리를 징계하였지만, 하나님께서는 우리를 자기의 거룩하심에 참여하게 하시려고, 우리에게 유익이 되도록 징계하십니다. 11 무릇 징계는 어떤 것이든지 그 당시에는 즐거움이 아니라 괴로움으로 여겨지지만, 나중에는 이것으로 훈련받은 사람들에게 정의의 평화로운 열매를 맺게 합니다.

12 ○ 그러므로 여러분은 나른한 손과 힘 빠진 무릎을 일으켜 세우고, 13 똑바로 걸으십시오. 그래서 절름거리는 다리로 하

사랑하는 자녀에게 징계를 주는 이유가 거룩함에 참여하게 하고 우리의 유익을 위해서라고 합니다. 우리말 사전은 징계를 "허물이나 잘못을 뉘우치도록 나무라며 경계함"이라고 말하는데, 여기서도 같은 뜻으로 사용된 건가요? 헬라어 '파이데이아'는 보통 '교육' 내지는 '양육' 등으로 번역되지만, 처벌을 포함하는 '훈육'을 가리키기도 합니다(예, 눅 23:16). 현대의 학교 교육과 달리, 어른으로 잘 자라도록 돕는 모든 과정을 포괄합니다. 지금 히브리서 독자들의 힘겨움은 하나님께서 버리셨다는 표시가 아니라 그분의 자녀임을 증명하는 사랑의 '훈육'입니다. 히브리서가 신앙적 나태의 가능성을 엄하게 경고하지만, 그렇다고 구체적으로 어떤 잘못을 지적하며 꾸짖지는 않습니다. 그리고 애초부터 독자들의 고난은 잘못에 대한 처벌이 아닌, 신앙 때문에 겪는 박해입니다. 그래서 여기서는 처벌을 전제하는 '징계'보다는 단단한 신앙을 갖도록 하는 '훈육'이 더 적절한 번역으로 보입니다.

여금 삐지 않게 하고, 오히려 낫게 하십시오.

하나님의 은혜를 거역한 자들에게 주는 경고

14 ○ 모든 사람과 더불어 화평하게 지내고, 거룩하게 살기를
힘쓰십시오. 거룩해지지 않고서는, 아무도 주님을 뵙지 못할
것입니다. 15 하나님의 은혜에서 떨어져나가는 사람이 아무도
없도록 주의하십시오. 또 쓴 뿌리가 돋아나서 괴롭게 하고, 그
것으로 많은 사람이 더러워지는 일이 없도록 주의하십시오.
16 또 음행하는 자나, 음식 한 그릇에 장자권을 팔아넘긴 에서
와 같은 속된 사람이 생기지 않도록 주의하십시오. 17 여러분
이 알다시피, 에서는 그 뒤에 축복을 상속받기를 원하였으나,
거절당하였습니다. 그는 눈물을 흘리면서 구하였건만, 회개할
기회를 얻지 못하였습니다.

18 ○ 여러분이 나아가서 이른 곳은 시내산 같은 곳이 아닙니
다. 곧 만져볼 수 있고, 불이 타오르고, 흑암과 침침함이 뒤덮
고, 폭풍이 일고, 19 나팔이 울리고, 무서운 말소리가 들리는

'쓴 뿌리'(15절)는 무엇을 가리키는 것인가요? 이 비유의 출처는 구약성경 신명기
29장 18절의 '독초나 쓴 열매를 맺는 뿌리'입니다. 독초나 쓴 풀이 유익은커녕 먹을
수 없고 해로운 것처럼, 다른 사람과 공동체에 치명적인 해악을 끼치는 사람을 뜻
합니다. 신명기에서는 하나님의 저주 경고도 무시한 채 완고한 태도로 우상숭배를
조장하며 공동체의 건강을 위협하는 사람입니다. 히브리서에서도 다른 사람에게
나쁜 영향을 미치면서 공동체의 거룩함을 훼손하는 부류를 가리킵니다. 공동체 안
에서 한 사람의 태도는 다른 사람에게 영향을 미칩니다. 특히 공동체가 힘겨운 고
비를 넘기는 상황에서 잘못된 모습을 보이면서 이를 조장하는 '쓴 뿌리'의 영향은
치명적일 수 있습니다. 이런 상황이 발생하지 않도록 서로 조심하라는 권고입니다.

그러한 곳이 아닙니다. 그 말소리를 들은 사람들은 자기들에게 더 말씀하시지 않기를 간청하였습니다. 20 "비록 짐승이라도 그 산에 닿으면, 돌로 쳐 죽여야 한다" 하신 명령을 그들이 견디어내지 못했기 때문입니다. 21 그 광경이 얼마나 무서웠던지, 모세도 말하기를 "나는 두려워서 떨린다" 하였습니다. 22 그러나 여러분이 나아가서 이른 곳은 시온산, 곧 살아계신 하나님의 도성인 하늘의 예루살렘입니다. 여러분은 축하 행사에 모인 수많은 천사들과 23 하늘에 등록된 장자들의 집회와 만민의 심판자이신 하나님과 완전하게 된 의인의 영들과 24 새 언약의 중재자이신 예수와 그가 뿌리신 피 앞에 나아왔습니다. 그 피는 아벨의 피보다 더 훌륭하게 말해줍니다. 25 여러분은 말씀하시는 분을 거역하지 않도록 조심하십시오. 그 사람들이 땅에서 경고하는 사람을 거역하였을 때에, 그 벌을 피할 수 없었거든, 하물며 우리가 하늘로부터 경고하시는 분을 배척하면, 더욱더 피할 길이 없지 않겠습니까? 26 그때

갑자기 피 이야기가 나오고 예수의 피에 이어 아벨의 피가 등장합니다. 난데없이 아벨의 피를 언급한 의도는 무엇인가요? 전체 문맥은 "첫 언약의 자리인 시내산이 이토록 무서웠다면 새 언약의 자리인 시온산에서의 심판은 얼마나 더 무섭겠는가?" 하는 논증입니다. 아벨의 피와 예수님의 피의 대조는 좀 어렵습니다. 아벨의 피는 땅에서 하나님께 억울함을 호소했습니다(창 4:10). 뿌려진 예수님의 피는 그 피보다 "더 훌륭하게 말합니다"(24절). 이는 복수와 용서의 대조는 아닐 것입니다. 히브리서에서 '더 훌륭하다'는 표현은 대조가 아닌, 정도의 차이를 나타내기 때문입니다. 바로 이어지는 경고(25~29절)와 피에 대한 이전의 경고(10:29)를 고려하면, 예수님의 피를 무시하는 사람은 아벨의 피를 흘린 가인보다 더 확실한 대가를 치를 것이라는 경고의 의미일 수 있습니다. 히브리서가 거듭 역설하는 것처럼, 우리를 위해 뿌려진 예수님의 피가 더 나은 구원을 약속하는 만큼 이를 거부하는 사람은 더 큰 심판에 직면할 것입니다.

에는 그의 음성이 땅을 뒤흔들었지만, 이번에는 그가 약속하시기를, "내가 한 번 더, 땅뿐만 아니라 하늘까지도 흔들겠다" 하셨습니다. 27 이 '한 번 더'라는 말은 흔들리는 것들 곧 피조물들을 없애버리는 것을 뜻합니다. 그렇게 하는 것은 흔들리지 않는 것들이 남아 있게 하시려는 것입니다. 28 그러므로 우리는 흔들리지 않는 나라를 받으니, 감사를 드립시다. 그리하여, 경건함과 두려움으로 하나님이 기뻐하시도록 그를 섬깁시다. 29 우리 하나님은 태워 없애는 불이십니다.

{ 제13장 }

하나님께서 기뻐하시는 제사

1 서로 사랑하기를 계속하십시오. 2 나그네를 대접하기를 소홀히 하지 마십시오. 어떤 이들은 나그네를 대접하다가, 자기들도 모르는 사이에 천사들을 대접하였습니다. 3 감옥에 갇혀 있는 사람들을 생각하되, 여러분도 함께 갇혀 있는 심정으로 생각하십시오. 여러분도 몸이 있는 사람이니, 학대받는 사람들을 생각해주십시오. 4 모두 혼인을 귀하게 여겨야 하고, 잠자리를 더럽히지 말아야 합니다. 음행하는 자와 간음하는 자는 하나님의 심판을 받을 것입니다. 5 돈을 사랑함이 없이 살아야 하고, 지금 가지고 있는 것으로 만족해야 합니다. 주님께서 친히 말씀하시기를 "내가 결코 너를 떠나지도 않고, 버리지도 않겠다" 하셨습니다. 6 그래서 우리는 담대하게 이렇게 말합니다. "주님께서는 나를 도우시는 분이시니, 내게는 두려움이 없다. 누가 감히 내게 손댈 수 있으랴?"

음행하는 자나 간음하는 자를 향해 하나님의 심판을 언급합니다(4절). 이렇게 콕 집어 말해야 할 만큼 기독교에서 그것은 엄청난 죄인가요? 언약의 핵심은 거룩함입니다. 이는 새 언약 공동체에서도 마찬가지입니다. 여기에는 가정의 거룩함과 결혼의 거룩함도 포함됩니다. 성은 인간 공동체에서 가장 원초적이며, 가장 기본적인 관계입니다. 그래서 유대교와 기독교는 부부 사이의 성적 신실함을 매우 중요한 덕목으로 강조해왔습니다. 물론 구약 시대의 일부다처 문화나 형사취수법 등에서 보듯 당시엔 자연스러웠으나 현재는 '말도 안 되는' 문화적 관행들이 성경에도 있습니다. 우리는 결혼 관행이나 사회적, 문화적 관습이 신약 시대와는 전혀 다른 환경에서 살아갑니다. 따라서 성경의 가르침을 현대의 삶에 어떻게 적용해야 하는지는 더 깊은 고민과 논의가 필요한 문제입니다.

7 ○ 여러분의 지도자들을 기억하십시오. 그들은 여러분에게 하나님의 말씀을 일러주었습니다. 그들이 어떻게 살고 죽었는지를 살펴보고, 그 믿음을 본받으십시오. 8 예수 그리스도께서는 어제나 오늘이나 영원히 한결같은 분이십니다. 9 여러 가지 이상한 교훈에 끌려다니지 마십시오. 음식 규정을 지키는 것으로 마음이 튼튼해지는 것이 아니라, 은혜로 튼튼해지는 것이 좋습니다. 음식 규정에 매여서 사는 사람들은 유익을 얻지 못했습니다.

10 ○ 우리에게는 한 제단이 있습니다. 그런데 유대교의 성전에서 섬기는 사람들은 우리의 이 제단에 놓은 제물을 먹을 권리가 없습니다. 11 유대교의 제사의식에서 대제사장은 속죄제물로 드리려고 짐승의 피를 지성소에 가지고 들어가고, 그 몸은 진영 밖에서 태워버립니다. 12 그러므로 예수께서도 자기의 피로 백성을 거룩하게 하시려고 성문 밖에서 고난을 받으셨습니다. 13 그러하므로 우리도 진영 밖으로 나가 그에게로 나아가서, 그가 겪으신 치욕을 짊어집시다. 14 사실, 우리에게

음식 규정을 지키는 것으로 마음이 튼튼해지는 것, 그리고 은혜로 튼튼해지는 것은(9절) 무엇이 어떻게 다른가요? 아마도 '음식 규정'은 유대교가 율법을 토대로 강조하던 식사 규정일 것입니다. 음식의 종류와 식사 교제의 범위를 규제하는 규칙들입니다. 그들은 이런 규칙을 철저하게 준수하는 것이 거룩함을 구현하는 일이라 생각했습니다. 반면 그리스도를 믿는 사람들은 '육체' 수준에 머무르는 이런 전통적 규제가 더 이상 유효하지 않다고 생각했습니다. 중요한 것은 하나님의 '은혜'로 사는 일입니다. 예수 그리스도를 통해 내려주시는 하나님의 은혜는 우리의 외면적 조건을 넘어, 죽음에 대한 공포로 종살이하는 우리를 해방시켜 자유의 삶을 살게 합니다. 육체의 모양을 넘어 우리의 속마음 곧 '양심'을 건드리며, 새로운 마음으로 하나님을 섬기도록 우리를 가르치는 은혜입니다. 구원을 향한 여정에서 우리를 건강하게 지키는 것은 바로 이런 하나님의 은혜입니다(4:16).

는 이 땅 위에 영원한 도시가 없고, 우리는 장차 올 도시를 찾고 있습니다. 15 그러니 우리는 예수로 말미암아 끊임없이 하나님께 찬미의 제사를 드립시다. 이것은 곧 그의 이름을 고백하는 입술의 열매입니다. 16 선을 행함과 가진 것을 나눠주기를 소홀히 하지 마십시오. 하나님께서는 이런 제사를 기뻐하십니다.

17 ○ 여러분의 지도자들의 말을 곧이듣고, 그들에게 복종하십시오. 그들은 여러분의 영혼을 지키는 사람들이요, 이 일을 장차 하나님께 보고드릴 사람들입니다. 그러므로 여러분은 그들이 기쁜 마음으로 이 일을 하게 하고, 탄식하면서 하지 않게 해주십시오. 그들이 탄식하면서 일하는 것은 여러분에게 유익이 되지 못합니다.

18 ○ 우리를 위하여 기도해주십시오. 우리는 양심에 거리끼는 것이 한 점도 없다고 확신합니다. 모든 일에 바르게 처신하려고 합니다. 19 내가 여러분에게 좀 더 속히 돌아가게 되도록 기도하여주시기를 더욱 간곡히 부탁드립니다.

선을 행함과 가진 것을 나눠주기를 강조하며 하나님은 이런 제사를 기뻐하신다고 말합니다(16절). 이런 행위들도 제사에 속하는 건가요? 예수님의 십자가 죽음은 문자적으로 성전 제사는 아니지만, 더 깊은 의미에서 하나님께 드리는 제사로 해석됩니다. 마찬가지로 신자들의 삶 역시 하나님께 드리는 '제사'가 됩니다. 물론 죽음에 맞춰진 제사가 아니라 삶 속에서의 순종으로 표현되는 '산 제사'입니다. 공동체라는 맥락에서 가장 중요한 섬김의 표현은 서로를 향한 사랑입니다. 이 사랑은 서로에게 '선을 실천하는' 모습, 더 구체적으로 서로의 현실적 필요를 채워주는 '나눔'으로 표현됩니다. 신자들에게 이런 사랑의 교제는 서로를 향한 윤리적 책임을 넘어 하나님을 향한 섬김의 표현으로 여겨졌습니다. 이 땅에서 다른 사람을 사랑하고 섬기는 것이 하늘 하나님을 믿고 섬기는 신앙의 핵심입니다. 이것이 새 언약의 백성이 드리는 올바른 예배요, 섬김입니다(롬 12:1-2).

축복과 작별 인사

20 ○ 영원한 언약의 피를 흘려서 양들의 위대한 목자가 되신 우리 주 예수를 죽은 사람들 가운데서 이끌어내신 평화의 하나님이 **21** 여러분을 온갖 좋은 일에 어울리게 다듬질해주셔서 자기의 뜻을 행하게 해주시기를 빕니다. 또 하나님께서 예수 그리스도로 말미암아 우리 가운데 자기가 기뻐하시는 바를 이루시기를 빕니다. 예수 그리스도께 영광이 영원무궁히 있기를 빕니다. 아멘.

22 ○ 형제자매 여러분, 부디 이 권면의 말을 받아들이기를 권유합니다. 나는 여러분에게 짤막하게 썼습니다. **23** 우리 형제 디모데가 풀려나온 것을 알려드립니다. 그가 속히 오면, 내가 그와 함께 여러분을 만나보게 될 것입니다.

24 ○ 여러분의 모든 지도자와 성도에게 문안하여주십시오. 이탈리아에서 온 사람들이 여러분에게 문안합니다. **25** 여러분 모두에게 은혜가 있기를 빕니다.

하나님이 모든 길마다 당신과 함께,
예수님이 모든 언덕마다 당신과 함께,
성령님이 모든 개울마다 당신과 함께,
해안의 절벽과 산등성이, 빈 들,
바다와 땅, 황무지와 초원마다
누울 때와 일어날 때
일렁이는 파도와 자욱한 물보라에서도
내딛는 모든 걸음마다 당신과 함께.

_ 메어리 맥도날드

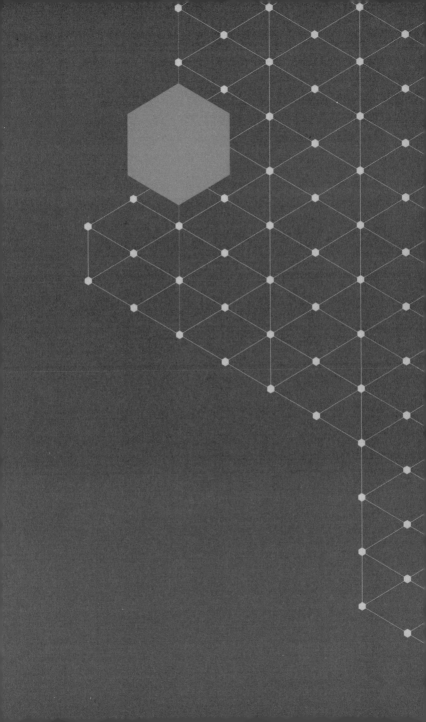

야고보서

James

현실을 살아가는
신자들을 위한
신약성경의 지혜문학

야고보서의 많은 이야기는
신앙이 삶의 이야기라는 근본적 상식에 기반을 두고 있습니다.
우리는 신앙을 고백하고, 이 고백은 말을 넘어
우리의 삶의 현장에서 이루어집니다.
우리는 하나님 앞에서만 생각하고 말하는 존재가 아니라,
이웃과 말하고 이런저런 행동으로 그들과 관계를 맺는 존재입니다.
하나님께서는 우리의 존재가 하나님을 향한 신앙의 표현이기를 원하십니다.
그래서 신앙은 언제나 우리 삶을 조명하는 빛이자,
그 현실을 바로잡는 칼이 됩니다. 야고보서는 이런 당연한 통찰을
신자들의 여러 삶의 영역에 적용합니다.

온 세계에 흩어져 있는 모든 신자들을 위한 편지

이 편지의 저자는 자신을 '야고보'라 밝힙니다. 전통적으로는 베드로 이후 예루살렘 교회의 지도자가 된 예수님의 (육신적) 동생 야고보의 저작으로 전해져왔습니다. 유대 역사가 요세 푸스는 야고보가 예수님을 믿는 신앙 때문에 주후 62년경 유 대 당국자들에 의해 순교한 것으로 기록합니다. 반면 세련된 헬라어 문체나 논증 기법, 예수님에 대한 언급의 희소성, 유 대 기독교 특유의 이슈 부재 등을 근거로 다른 누군가가 야고 보의 이름으로 기록했다고 생각하는 이들도 많습니다. 일반 서신이 대개 그렇듯, 오랜 교회 전승과 현재의 비평적 견해가 충돌하는 셈입니다.

이 편지는 '세계에 흩어져 사는 열두 지파'에게 보내졌습니다 (1:1). '디아스포라에 사는 열두 지파'로 옮길 수도 있습니다. 유대인 디아스포라를 의미한다면 팔레스타인 지역 밖에서 사 는 유대인 신자들을 위한 편지가 됩니다. 반면 저자가 신자들 의 공동체를 새로운 이스라엘('열두 지파')로 생각한다면, 온 세계에 흩어져 있는 모든 신자를 위한 편지가 됩니다. 내용을 봐도 특정 지역의 흔적은 나타나지 않습니다.

야고보서는 신약성경의 지혜문학으로 간주되곤 합니다. 이 글은 구약성경의 잠언과 같은 유대교 지혜문서의 특징을 상 당 부분 공유합니다. 경구 활용, 반복, 주제어, 수사의문문 등이 대표적인 사례입니다. 직설적 비난이나 강한 명령 및 다채로운 비유적 표현 등은 구약 시대 예언자의 모습을 생각나게 합니다. 간헐적 언급(1:1; 2:1) 외에는 예수님 이야기가 없어서, 유대의 지혜문헌을 교회를 위해 살짝 수정한 것이라는 주장도 있습니다. 하지만 야고보서에는 특별히 신약성경 마태복음서에 기록된 예수님의 가르침이 적지 않게 반영되어 있습니다. 예수님에 관한 신학적 논증이 아니라, 일상의 상황에서 신앙의 실천적, 윤리적 의미를 숙고하는 글이라 생각하면 매우 자연스러운 모습입니다.

진정한 믿음이란 무엇인지 숙고하게 하는 책

현실을 다루는 지혜문학이어서도 그렇겠지만, 정형화된 구조를 찾기는 어렵습니다. 1장은 상당히 느슨한 구조의 논의처럼 보입니다. 반면 기독교 윤리와 율법(2:1-13), 믿음과 행위(2:14-26), 올바른 언어생활(3:1-12), 신자들 사이의 갈등(3:13-4:12), 부의 문제(4:13-5:6), 신앙 공동체 내의 삶(5:7-20)처럼, 비교적 뚜렷한 논증의 단위를 식별할 수도 있습니다.

야고보서의 많은 이야기는 신앙이 삶의 이야기라는 근본적 상식에 기반을 두고 있습니다. 우리는 신앙을 고백하고, 이 고백은 말을 넘어 우리의 삶의 현장에서 이루어집니다. 우리는 하나님 앞에서만 생각하고 말하는 존재가 아니라, 이웃과 말하고 이런저런 행동으로 그들과 관계를 맺는 존재입니다. 하나님께서는 우리의 존재가 하나님을 향한 신앙의 표현이기를 원하십니다. 그래서 신앙은 언제나 우리 삶을 조명하는 빛이자 그 현실을 바로잡는 칼이 됩니다. 야고보서는 이런 당연한 통찰을 신자들의 여러 삶의 영역에 적용합니다. 이웃과 나누는 언어가 하나님께 드리는 기도와 찬양의 언어와 일치하는지, 율법에 대한 나의 태도가 빈부의 차별을 당연시할 정도로 위선적인 것은 아닌지, 나의 믿음이 내 삶을 전혀 담지 못하는 빈 껍질은 아닌지, 하나님을 말하면서 실상은 돈의 위력을 의지하는 것은 아닌지 묻고 따집니다.

바울의 은총론을 행위무용론으로 오해한 결과, 신약성경의 일부이면서도 야고보서는 우여곡절이 많은 문서라 할 수 있습니다. 루터가 야고보서를 '그냥 지푸라기 서신'(just a straw letter)이라 부른 일은 유명합니다. 하지만 많은 이들은 이런 평가가 야고보와 바울 모두를 오해한 것이라고 올바르게 평가합니다. 올바른 삶에 대한 바울의 깊은 관심을 몰랐을 수도 있고, 하나님을 향한 신앙적 의식에 관한 야고보의 깊은 신념을 놓친 것일 수도 있습니다. 특히 오늘처럼 교회의 윤리적 실패가 적나라한 상황에서, 야고보서는 진정한 믿음이 무엇인지 다시 생각하게 합니다.

{ 제1장 }

인사

1 하나님과 주 예수 그리스도의 종인 야고보가 세계에 흩어져 사는 열두 지파에게 문안을 드립니다.

시험, 인내, 믿음, 지혜

2 ○ 나의 형제자매 여러분, 여러 가지 시험에 빠질 때에, 그것을 더할 나위 없는 기쁨으로 생각하십시오. 3 여러분은 믿음의 시련이 인내를 낳는다는 것을 알고 있습니다. 4 여러분은 인내력을 충분히 발휘하여, 조금도 부족함이 없이 완전하고 성숙한 사람이 되십시오.

5 ○ 여러분 가운데 누구든지 지혜가 부족하거든, 모든 사람에게 아낌없이 주시고 나무라지 않으시는 하나님께 구하십시오. 그리하면 받을 것입니다. 6 조금도 의심하지 말고, 믿고 구해

시험의 의미는 무엇인가요? 뒤에 나오는 믿음의 시련과 관련이 있는 건가요? '시험'은 맥락에 따라 나쁜 '유혹'(temptation)이기도 하고, 성장과 발전을 위한 '시험'(test)이기도 합니다. 상황의 차이라기보다는, 시험에 대처하는 우리 태도의 차이입니다. 야고보서는 현실 속 어려움을 검증의 기회로 바라봅니다. 현실의 역경은 '인내'를 요구합니다. 그러니까 시련은 억울한 불행을 넘어, 우리의 '인내를 만들어내는' 창조적 계기가 됩니다. 그래서 이런 시험의 상황도 '기쁘게 생각할' 수 있습니다. 물론 우리는 시험 상황에서 그 '유혹'에 지지 말고(14절) '인내의 생산 과정이 완성되도록' 해야 합니다. 그러면 '완전하게 갖춰진' 사람, '아무 일에도 모자람이 없는' 사람이 될 것입니다(4절). 이렇게 '시험'은 인내를 만들어냄으로써 우리의 믿음을 '검증'하고 '단련'하는 기회가 됩니다. '믿음의 시련'보다는 '믿음의 단련'이 좀 더 어울리는 번역입니다.

야 합니다. 의심하는 사람은 마치 바람에 밀려서 출렁이는 바다 물결과 같습니다. 7 그런 사람은 주님께로부터 아무것도 받을 생각을 하지 마십시오. 8 그는 두 마음을 품은 사람이요, 그의 모든 행동에는 안정이 없습니다.

가난과 부요함

9 ○ 비천한 신도는 자기가 높아지게 된 것을 자랑하십시오. 10 부자는 자기가 낮아지게 된 것을 자랑하십시오. 부자는 풀의 꽃과 같이 사라질 것이기 때문입니다. 11 해가 떠서 뜨거운 열을 뿜으면, 풀은 마르고 꽃은 떨어져서, 그 아름다운 모습은 사라집니다. 이와 같이, 부자도 자기 일에 골몰하는 동안에 시들어버립니다.

시련과 극복

12 ○ 시험을 견디어내는 사람은 복이 있습니다. 그 사람은 그

시험 이야기가 계속 나옵니다. 특별히 시험을 주제로 강조한 배경이 있나요? 특정한 상황보다는 좀 더 일반적인 차원의 조언으로 보입니다. 우리의 삶은 선택의 연속입니다. 우리는 각자의 인생관이나 욕망에 따라 나름대로 최선의 것을 선택합니다. 특히 믿음의 삶이 힘겨워질수록 더 깊은 갈등 상황과 마주하게 됩니다. 우리는 불리한 상황에 굴하지 않고 올바른 믿음의 자태를 지킬 수도 있고, '자기 욕심에 끌려가다 (죄에) 낚이는' 잘못을 저지를 수도 있습니다(14절). 나쁜 욕망이 죄로 이어지고, 그 죄가 죽음에 이르게 하는 무서운 길을 선택하는 어리석음입니다. 이럴 때 우리는 하나님께서 시험하신다고 정당화할 것이 아니라, 자신의 욕망을 자극하는 죄의 유혹을 간파해야 합니다(13-14절). 순종으로 현재의 시험을 인내하며 생명을 향한 여정을 계속해야 합니다(12절).

의 참됨이 입증되어서, 생명의 면류관을 받을 것이기 때문입니다. 그것은 하나님을 사랑하는 사람들에게 약속된 것입니다. 13 시험을 당할 때에, 아무도 "내가 하나님께 시험을 당하고 있다" 하고 말하지 마십시오. 하나님께서는 악에게 시험을 받지도 않으시고, 또 시험하지도 않으십니다. 14 사람이 시험을 당하는 것은 각각 자기의 욕심에 이끌려서, 꾐에 빠지기 때문입니다. 15 욕심이 잉태하면 죄를 낳고, 죄가 자라면 죽음을 낳습니다. 16 ○ 나의 사랑하는 형제자매 여러분, 속지 마십시오. 17 온 갖 좋은 선물과 모든 완전한 은사는 위에서, 곧 빛들을 지으신 아버지께로부터 내려옵니다. 아버지께는 이러저러한 변함이나 회전하는 그림자가 없으십니다. 18 그는 뜻을 정하셔서 진리의 말씀으로 우리를 낳아주셨습니다. 그리하여 그는 우리를 피조물 가운데 첫 열매가 되게 하셨습니다.

말씀을 들음과 실행함

19 ○ 사랑하는 형제자매 여러분, 여러분은 이것을 알아두십

"피조물 가운데 첫 열매가 되게 하셨다"(18절)라는 말이 의미하는 바는 무엇인가요? 구약성경에서 '첫 열매'는 첫 수확물의 일부를 따로 떼어 하나님께 바치는 것을 가리킵니다. 일상의 헬라어에서는 더 다양한 의미로 사용됩니다. '처음'을 가리킬 때도 많습니다. 먼저 부활하신 그리스도는 '부활의 첫 열매'입니다. 특정 지역 공동체의 첫 회심자들도 '첫 열매'라 불립니다. 모두 특별한 위상을 강조하는 표현입니다. 다른 존재와 구별되는 탁월함이 강조되기도 합니다(계 14:4). 여기서도 마찬가지입니다. 하나님께서는 우리를 진리의 말씀 곧 복음으로 낳으셔서, 그분이 만드신 모든 것들의 '첫 열매' 곧 그분이 지으신 모든 것들 중 가장 특별한 존재가 되게 하셨습니다. 이런 하나님의 자녀답게, 믿음으로 인내하며 그분의 뜻에 맞게 살아가는 의도의 표현입니다.

시오. 누구든지 듣기는 빨리 하고, 말하기는 더디 하고, 노하기도 더디 하십시오. 20 노하는 사람은 하나님의 의를 이루지 못하기 때문입니다. 21 그러므로 더러움과 넘치는 악을 모두 버리고, 온유한 마음으로 여러분 속에 심어주신 말씀을 받아들여야 합니다. 그 말씀에는 여러분의 영혼을 구원할 능력이 있습니다.

22 ○ 말씀을 행하는 사람이 되십시오. 그저 듣기만 하여 자신을 속이는 사람이 되지 마십시오. 23 말씀을 듣고도 행하지 않는 사람은 있는 그대로의 자기 얼굴을 거울 속으로 들여다보기만 하는 사람과 같습니다. 24 이런 사람은 자기의 모습을 보고 떠나가서 그것이 어떠한지를 곧 잊어버리는 사람입니다. 25 그러나 완전한 율법 곧 자유를 주는 율법을 잘 살피고 끊임없이 그대로 사는 사람은, 율법을 듣고서 잊어버리는 사람이 아니라, 그것을 실행하는 사람인 것입니다. 이런 사람은 그가 행한 일에 복을 받을 것입니다.

26 ○ 누가 스스로 경건하다고 생각하면서도, 혀를 다스리지 않고 자기 마음을 속이면, 이 사람의 신앙은 헛된 것입니다.

하나님 보기에 깨끗하고 흠이 없는 경건으로 꼽은 조건을 보니 마더 테레사 같은 인물이 생각납니다. 그 경건의 경지로 살기엔 너무 버겁습니다. 현실적인 조언은 무엇일까요? 올바름은 올바름일 뿐입니다. 다양한 상황에서의 올바름을 열거한다고 더 무거워지는 것도 아니고, 한 영역에 초점을 맞춘다고 더 가벼워지는 것도 아닙니다. 신중한 언어가 중요한 만큼, 적절한 감정의 제어도 중요합니다. 어려움을 겪는 이웃을 돌아보는 일 역시 소중합니다. 모두 올바른 경건의 구체적인 표현입니다. 물론 우리는 삶의 여러 영역에서 실수할 수 있고, 때로 의도적으로 잘못을 저지르기도 합니다. 하지만 우리가 부족하다고 해서 올바른 경건의 기준을 '현실적으로' 바꿀 수는 없습니다. 버겁다고 생각하는 대신 우리의 부족함을 겸허히 인정하고, 좀 더 나은 모습으로 살 수 있도록 하나님의 지혜를 구하는 것이 적절한 태도입니다.

27 하나님 아버지께서 보시기에 깨끗하고 흠이 없는 경건은, 고난을 겪고 있는 고아들과 과부들을 돌보아주며, 자기를 지켜서 세속에 물들지 않게 하는 것입니다.

{ 제2장 }

차별을 경고함

1 나의 형제자매 여러분, 여러분은 영광의 우리 주 예수 그리스도를 믿고 있으니, 사람을 차별하여 대하지 마십시오. 2 이를테면, 여러분의 회당에 화려한 옷을 입은 사람이 금반지를 끼고 들어오고, 또, 남루한 옷을 입은 가난한 사람도 들어온다고 합시다. 3 여러분이 화려한 옷차림을 한 사람에게는 특별한 호의를 보이면서 "여기 좋은 자리에 앉으십시오" 하고, 가난한 사람에게는 "당신은 거기 서 있든지, 내 발치에 앉든지 하오"

'가난과 부'로 사람을 차별하지 말라는 예가 매우 적나라합니다. 이 말씀의 뜻을 오늘의 우리 시대에 어떻게 적용할 수 있나요? 고대로부터 물질과 돈은 하나님과 경쟁하는 섬김의 대상이었습니다. 그래서 돈은 늘 경건의 가장 중요한 시금석 중 하나입니다. 돈은 필요에 따라 주시는 선물이며, 우리의 존재를 좌우하는 기준은 아닙니다. 하지만 돈은 우리의 욕망을 타고 놉니다. 이 욕망 때문에 우리는 더 소중한 사람을 차별하는 잘못을 저지릅니다. 지금도 마찬가지입니다. 우리는 돈의 '수단적' 위상을 선명하게 인식하고, 이 돈을 사람을 이롭게 하는 방식으로 사용해야 합니다. 돈을 버는 과정에서 이 순서를 뒤집지 말아야 하고, 쓰는 과정에도 그렇습니다. 개인적인 삶에서 타인의 경제적 필요에 부응하려는 노력도 필요하고, 공동체적이고 사회구조적인 차원에서 더 공정한 부의 분배를 위한 노력도 필요합니다. 또한 사람보다 돈을 앞세우는 모든 움직임에 대해 신앙적인 반대와 저항을 이어가야 합니다.

하고 말하면, 4 바로 여러분은 서로 차별을 하고, 나쁜 생각으로 남을 판단하는 사람이 된 것이 아니고 무엇이겠습니까?

5 ○ 사랑하는 형제자매 여러분, 들으십시오. 하나님께서는 세상의 가난한 사람을 택하셔서 믿음에 부요한 사람이 되게 하시고, 하나님을 사랑하는 이들에게 약속하신 그 나라의 상속자가 되게 하시지 않았습니까? 6 그런데 여러분은 가난한 사람을 업신여겼습니다. 여러분을 압제하는 사람은 부자들이 아닙니까? 또 여러분을 법정으로 끌고 가는 사람도 부자들이 아닙니까? 7 여러분이 받드는 그 존귀한 이름을 모독하는 사람도 부자들이 아닙니까? 8 여러분이 성경을 따라 "네 이웃을 네 몸같이 사랑하라"는 으뜸가는 법을 지키면, 잘하는 일입니다. 9 그러나 여러분이 사람을 차별해서 대하면 죄를 짓는 것이요, 여러분은 율법을 따라 범법자로 판정을 받게 됩니다. 10 누구든지 율법 전체를 지키다가도 한 조목에서 실수하면, 전체를 범한 셈이 되기 때문입니다. 11 "간음하지 말라" 하신 분이 또한 "살인하지 말라"고 말씀하셨습니다. 어떤 사람이 간음은 하

차별에 대한 경고가 흥미롭습니다. 이 경고의 핵심은 무엇인가요? 절대적인 은혜의 복음은 사람 사이에는 그 어떤 차별의 근거가 없음을 깨닫게 합니다. 그러나 돈에 대한 욕망은 이 사실을 망각하게 만들고, 돈이 우리 존재의 본질을 결정하는 양 행동하게 합니다. 야고보서의 독자들도 이런 잘못을 저지른 것으로 보입니다. 그래서 힘이 센 부자를 한껏 환대하고 환영한 반면, 가난하고 힘없는 존재는 귀찮게 여겼습니다. 저자는 이런 모습에 분개하면서, 그건 율법에 나타난 하나님의 뜻도 아니고, 믿음으로 살아가는 모습도 아니라고 질타합니다. 서로를 차별하는 그들의 세속적 행태는 그들이 내세우는 '믿음'이 그냥 말뿐이라는 사실을 여실히 보여줍니다. 제대로 된 신앙이라면, 그들은 '고아와 과부를 돌아보는' 일에 더 깊은 관심을 기울였을 것입니다. 은혜로 정화된 눈길이라면, 욕망을 만족시키는 부자보다는 사랑이 필요한 이들이 더 강한 인상으로 다가왔을 것이기 때문입니다.

지 않는다고 하더라도 살인을 하면, 결국 그 사람은 율법을 범하는 것입니다. 12 여러분은, 자유를 주는 율법을 따라 앞으로 심판을 받을 각오로, 말도 그렇게 하고 행동도 그렇게 하십시오. 13 심판은 자비를 베풀지 않는 사람에게는 무자비합니다. 그러나 자비는 심판을 이깁니다.

행함이 없는 믿음은 죽은 것이다

14 ○ 나의 형제자매 여러분, 누가 믿음이 있다고 말하면서도 행함이 없으면, 무슨 소용이 있겠습니까? 그런 믿음이 그를 구원할 수 있겠습니까? 15 어떤 형제나 자매가 헐벗고, 그날 먹을 것조차 없는데, 16 여러분 가운데서 누가 그들에게 말하기를 "평안히 가서, 몸을 따뜻하게 하고, 배부르게 먹으십시오" 하면서, 말만 하고 몸에 필요한 것들을 주지 않는다고 하면, 무슨 소용이 있겠습니까? 17 이와 같이 믿음에 행함이 따르지 않으면, 그 자체만으로는 죽은 것입니다.

18 ○ 어떤 사람은 이렇게 말할 것입니다. "너에게는 믿음이 있고, 나에게는 행함이 있다. 행함이 없는 너의 믿음을 나에게

행함이 없는 믿음은 쓸모없고 죽은 것이라고 단언합니다. 이러한 말이 오히려 신앙인들이 서로를 판단하는 근거로 작용하지는 않을까요? 우리는 늘 행동하며 살아갑니다. 좋은 행동도 있고, 나쁜 행동도 있습니다. 저자가 요구하는 행함은 올바른 행함입니다. 욕망에 이끌려 서로를 차별하는 나쁜 행함을 버리고, 사랑으로 섬기는 올바른 행함을 보여달라는 요구입니다. 사랑이 필요한 이웃을 섬기는 진정한 사랑과 섬김의 행동이 악의적 판단과 분열의 원인이 되는 경우는 사실상 없습니다. 오히려 자기 과시를 위한 작위적 행위들, 제대로 된 섬김보다는 전시효과를 의도한 나쁜 행위들이 그런 부작용으로 이어질 것입니다. 진정한 믿음은 하나님을 향한 믿

보여라. 그리하면 나는 행함으로 나의 믿음을 너에게 보이겠다." 19 그대는 하나님께서 한 분이심을 믿고 있습니다. 잘하는 일입니다. 그런데 귀신들도 그렇게 믿고 떱니다. 20 아, 어리석은 사람이여, 그대는 행함이 없는 믿음은 쓸모가 없다는 것을 알고 싶습니까? 21 우리 조상 아브라함이 자기 아들 이삭을 제단에 바치고서 행함으로 의롭게 된 것이 아닙니까? 22 그대가 보는 대로 믿음이 그의 행함과 함께 작용을 한 것입니다. 그러므로 행함으로 믿음이 완전하게 되었습니다. 23 그래서 "아브라함이 하나님을 믿으니, 하나님께서 그것을 아브라함의 의로움으로 여기셨다"고 한 성경 말씀이 이루어졌고, 또 사람들이 그를 하나님의 벗이라고 불렀습니다. 24 여러분이 아는 대로, 사람은 행함으로 의롭게 되는 것이지, 믿음으로만 되는 것이 아닙니다. 25 창녀 라합도 정탐꾼들을 접대하여 다른 길로 내보내서, 행함으로 의롭게 된 것이 아닙니까? 26 영혼이 없는 몸이 죽은 것과 같이, 행함이 없는 믿음은 죽은 것입니다.

음으로 살아가는 것, 곧 믿음에 토대를 둔 삶(행위)을 산출하는 것을 의미합니다. 저자의 언어유희처럼, 일의 결과(행위)가 없는 믿음은 '일을 안 하는' 믿음입니다 (20절). 움직임이 없으니 죽은 것과 같습니다. 이런 믿음으로 구원을 기대하는 것은 자기기만일 뿐입니다.

{ 제3장 }

말에 실수가 없도록 하라

1 나의 형제자매 여러분, 여러분은 선생이 되려고 하는 사람이 많아서는 안 됩니다. 여러분이 아는 대로, 가르치는 사람인 우리가 더 큰 심판을 받을 것입니다. 2 우리는 다 실수를 많이 저지릅니다. 누구든지, 말에 실수가 없는 사람은 온몸을 다스릴 수 있는 온전한 사람입니다. 3 말을 부리려면, 그 입에 재갈을 물립니다. 그리하여 우리는 말의 온몸을 끌고 다닙니다. 4 보십시오. 배도 그렇습니다. 배가 아무리 커도, 또 거센 바람에 밀려도, 매우 작은 키로 조종하여, 사공이 가고자 하는 곳으로 끌고 갑니다. 5 이와 같이, 혀도 몸의 작은 지체이지만, 엄청난 일을 할 수 있다고 자랑을 합니다.

○ 보십시오, 아주 작은 불이 굉장히 큰 숲을 태웁니다. 6 그런데 혀는 불이요, 혀는 불의의 세계입니다. 혀는 우리 몸의 한 지체이지만, 온몸을 더럽히며, 인생의 수레바퀴에 불을 지르고, 결국에는 혀도 게헨나의 불에 타버립니다. 7 들짐승과 새와 기

말과 혀에 대한 이야기는 책임지지 않는 말이 난무하는 이 시대에 의미 있는 조언으로 들립니다. 인터넷도 SNS도 없던 그 시절에도 말의 파급력은 그렇게 대단했나요? 인간은 말하는 동물입니다. 누구나 말로 자신의 존재를 표현하고, 말로 타인과 관계를 맺습니다. 그래서 동서고금을 막론하고 '말조심'은 인생 조언의 단골 주제입니다. 특히 잘못된 말의 치명성에 대한 경고는 거의 모든 문화나 종교에서 주요 주제입니다. 말을 움직이는 '재갈'이나 큰 배를 조종하는 작은 '키' 이야기는 우리 속담의 '세 치 혀'와 같습니다. 말조심에 관한 조언이 잦다는 건 그만큼 말조심이 잘 안 된다는 사실을 반증합니다. 혀 아래는 언제나 도끼가 있지만, 온라인의 익명성과

는 짐승과 바다의 생물들은 어떤 종류든지 모두 사람이 길들이고 있으며 길들여놓았습니다. 8 그러나 사람의 혀를 길들일 수 있는 사람은 아무도 없습니다. 혀는 걷잡을 수 없는 악이며, 죽음에 이르게 하는 독으로 가득 차 있습니다. 9 우리는 이 혀로 주님이신 아버지를 찬양하기도 하고, 또 이 혀로 하나님의 형상대로 지음을 받은 사람들을 저주하기도 합니다. 10 또 같은 입에서 찬양도 나오고 저주도 나옵니다. 나의 형제자매 여러분, 이렇게 해서는 안 됩니다. 11 샘이 한 구멍에서 단물과 쓴물을 낼 수 있겠습니까? 12 나의 형제자매 여러분, 무화과나무가 올리브 열매를 맺거나, 포도나무가 무화과 열매를 맺을 수 있겠습니까? 마찬가지로 짠 샘은 단물을 낼 수 없습니다.

하늘로부터 오는 지혜

13 ○ 여러분 가운데서 지혜 있고 이해력이 있는 사람이 누구입니까? 그러한 사람은 착한 행동을 하여 그의 행실을 나타내 보이십시오. 그 일은 지혜에서 오는 온유함으로 행하는 것이어야 할 것입니다. 14 여러분의 마음속에 지독한 시기심과 경

무서운 연결성은 나쁜 언어의 살인적 파괴력을 더욱 현대적인 모습으로 드러냅니다. 우리 신앙인도 남들처럼 말로 살아갑니다. 그래서 말조심의 지혜는 신앙의 한 특징으로 그대로 수용됩니다. 더욱이 우리는 하나님의 자녀로서 그분의 심판을 의식하며 살아갑니다. 말이라는 칼을 살인의 무기가 아니라 섬김의 도구로 사용하려는 신중함이 그만큼 더 절실합니다.

쟁심이 있으면 자랑하지 말고, 진리를 거슬러 속이지 마십시오. 15 이러한 지혜는 위에서 내려온 것이 아니라, 땅에 속한 것이고, 육신에 속한 것이고, 악마에게 속한 것입니다. 16 시기심과 경쟁심이 있는 곳에는 혼란과 온갖 악한 행위가 있습니다. 17 그러나 위에서 오는 지혜는 우선 순결하고, 다음으로 평화스럽고, 친절하고, 온순하고, 자비와 선한 열매가 풍성하고, 편견과 위선이 없습니다. 18 정의의 열매는 평화를 이루는 사람들이 평화를 위하여 그 씨를 뿌려서 거두어들이는 열매입니다.

땅에 속한 지혜와 하늘로부터 오는 지혜가 구분되어 있는 것처럼 보입니다. 듣는 사람들이 그 지혜를 어떻게 구분할 수 있나요? 이런 언어는 추상적 구분이 아니라 선행을 격려하는 수사법입니다. 바울이라면 '성령을 따르는' 삶과 '육체를 따르는' 삶이라 말했을 것입니다. '위에서 내려온' 지혜는 구체적인 선행을 통해 그 실제 작용이 증명되는 지혜를 가리킵니다(13절). 이런 지혜의 반대는 진리에 저항하는 '시기와 다툼' 같은 것입니다. 이는 '하늘에서 내려온' 지혜가 아니라 '이 땅에 속한, 현세에 얽매인' 생각입니다. 우리의 삶을 파괴할 뿐인 '마귀'의 지혜입니다(14-16절). 반대로 거룩한 삶과 평화의 삶을 위해 애쓰는 사람은 '위로부터 난 지혜'를 가진 사람입니다(17-18절). 한마디로 이런 덕목을 소중히 여기며 실천하자는 권고입니다. 새로운 내용을 가르치는 것이 아니라, 이미 잘 아는 덕목들을 되새기며 그 실천을 호소하는 이야기입니다.

{ 제4장 }

세상과 벗함

1 무엇 때문에 여러분 가운데 싸움이나 분쟁이 일어납니까? 여러분의 지체들 안에서 싸우고 있는 육신의 욕심에서 생기는 것이 아닙니까? 2 여러분은 욕심을 부려도 얻지 못하면 살인을 하고, 탐내어도 가지지 못하면 다투고 싸웁니다. 여러분이 얻지 못하는 것은 구하지 않기 때문이요, 3 구하여도 얻지 못하는 것은 자기가 쾌락을 누리는 데에 쓰려고 잘못 구하기 때문입니다. 4 간음하는 사람들이여, 세상과 벗함이 하나님과 등지는 일임을 알지 못합니까? 누구든지 세상의 친구가되려고 하는 사람은 하나님의 원수가 되는 것입니다. 5 "하나님께서는 우리 안에 살게 하신 그 영을 질투하실 정도로 그리워하신다"라는 성경 말씀을 여러분은 헛된 것으로 생각합니까? 6 그러나 하나님께서는 더 큰 은혜를 주십니다. 그러므로 성경에 이르기를 "하나님께서는 교만한 자들을 물리치시고,

육신의 욕심, 간음, 세상의 친구, 교만과 겸손 등등 짧은 훈계들이 줄줄이 나옵니다. 이런 이야기들이 공통적으로 강조하는 것은 무엇인가요? 세상과 하나님을 동시에 가지려는 위선적 신앙에 대한 지적입니다. 기도하는 영적 제스처를 취하지만, 정작 그 간구의 내용은 하나님의 뜻이 아닌 세속적 욕망의 대상입니다(1-3절). 이들은 하나님의 백성이면서 세상을 가지려 하는 '간음하는 사람'과 같습니다(4절). 다소 모호하지만, 질투 날 정도의 갈망 이야기 또한 하나님의 사랑은 경쟁 대상을 용인하지 않는 배타적 사랑이라는 의미로 해석할 수 있습니다(5절). 하나님께서는 오만한 착각 속에서 자기 욕망을 추구하는 위선자를 물리치십니다. 우리가 '더 큰 은혜'를 받으려면 하나님 앞에 자신을 낮추며, 그분에게만 헌신해야 합니다. 이런 전적인 헌신의 삶으로 마귀와 그 욕망에 대항해야 합니다(6-7절).

겸손한 사람들에게 은혜를 주신다" 하고 말합니다. 7 그러므로 하나님께 복종하고, 악마를 물리치십시오. 그리하면 악마는 달아날 것입니다. 8 하나님께로 가까이 가십시오. 그리하면 하나님께서 가까이 오실 것입니다. 죄인들이여, 손을 깨끗이 하십시오. 두 마음을 품은 사람들이여, 마음을 순결하게 하십시오. 9 여러분은 괴로워하십시오. 슬퍼하십시오. 우십시오. 여러분의 웃음을 슬픔으로 바꾸십시오. 기쁨을 근심으로 바꾸십시오. 10 주님 앞에서 자신을 낮추십시오. 그리하면 주님께서 여러분을 높여주실 것입니다.

서로 비방하지 말라

11 ○ 형제자매 여러분, 서로 헐뜯지 마십시오. 자기 형제자매를 헐뜯거나 심판하는 사람은, 율법을 헐뜯고 율법을 심판하는 것입니다. 그대가 율법을 심판하면, 그대는 율법을 행하는 사람이 아니라 율법을 심판하는 사람입니다. 12 율법을 제정

1장에 나왔던 '두 마음'(8절)이라는 말이 다시 나옵니다. '두 마음'은 어떤 마음을 말하는 건가요? 문자적으로 '두 영혼' 내지는 '두 목숨'인데, 상반되는 두 가지 의도를 동시에 품는 태도를 가리킵니다. 여기서는 줄곧 지적해온 것처럼, 하나님과 세상 사이에서 양다리 걸치는('두 마음을 품은') 사람입니다. 은혜의 '꿩'도 먹고, 세상의 '알'도 먹겠다는 심산입니다. 물론 동시에 두 주인을 섬길 수 없는 것처럼, 이중적 존재로 사는 건 불가능합니다. 이는 결국 종교적 외양 아래 세속적 욕망을 추구하는 '죄인'의 삶일 뿐입니다. 이런 사람에게 필요한 것은 악한 욕망의 추구에서 '손을 씻는' 것, 기회주의적 태도를 버리고 '마음을 순결하게' 하는 것입니다(8절). 세속적 욕망이 주는 만족과 기쁨을 내려놓고, 참된 신앙의 부족함을 아파하고 회개해야 합니다(9절). 이것이 하나님 앞에서 자기를 낮추는 자세입니다. 이런 회개가 이루어질 때 비로소 하나님께서는 그 사람을 구원의 자리로 높이실 것입니다(10절).

하신 분과 심판하시는 분은 한 분이십니다. 그는 구원하실 수도 있고, 멸망시키실 수도 있습니다. 도대체 그대가 누구이기에 이웃을 심판합니까?

허망한 생각을 경고함

13 ○ "오늘이나 내일 어느 도시에 가서, 일 년 동안 거기에서 지내며, 장사하여 돈을 벌겠다" 하는 사람들이여, 들으십시오. 14 여러분은 내일 일을 알지 못합니다. 여러분의 생명이 무엇입니까? 여러분은 잠깐 나타났다가 사라져버리는 안개에 지나지 않습니다. 15 도리어 여러분은 이렇게 말해야 할 것입니다. "주님께서 원하시면, 우리가 살 것이고, 또 이런 일이나 저런 일을 할 것이다." 16 그런데 여러분은 지금 우쭐대면서 자랑하고 있습니다. 그와 같은 자랑은 다 악한 것입니다. 17 그러므로

"주님께서 원하시면"(15절)이라는 말은 오히려 자기 뜻이나 욕심을 그럴듯하게 포장할 때 겸손하게 보이기 위한 용도로 쓰일 수도 있을 것 같습니다. 그것을 어떻게 간파할 수 있을까요? 신앙적 언어는 늘 그런 '도용'의 위험에 노출되어 있습니다. '기도해보겠다'고 경건한 듯 말하지만, 실은 '도와주기 싫다'는 이기적인 태도의 표현입니다. 이기적인 건 똑같으면서도 가능하면 신앙으로 포장해보려는 위선의 몸짓입니다. 물론 이럴 때는 우리 입의 말이 아닌, 우리의 실제 행동이 더 정확한 진실을 말해줄 것입니다. 때로 소위 '성공한' 사람들은 인간 존재의 약함과 허망함을 망각하고 자신이 인생의 주인인 양 착각에 빠지곤 합니다. "모두 하나님께서 하신 일입니다"라며 포장을 하지만, 실상은 세속적인 업적 자랑일 때도 많습니다. 우리는 이처럼 오만에 빠지곤 하지만, 사실 우리는 '잠깐 나타났다 사라지는 안개'일 뿐입니다. 주님께서 원하지 않으시면 아무것도 못하는 존재, '주께서 원하실 때라야' 이것이든 저것이든 할 수 있는 존재입니다. 물론 이 말이 겸허한 순종의 표현인지 세속적 오만의 수사인지는 세심한 분별이 필요할 것입니다.

사람이 해야 할 선한 일이 무엇인지 알면서도 하지 않으면, 그것은 그에게 죄가 됩니다.

{ 제5장 }

부자에게 주는 경고

1 부자들은 들으십시오. 여러분에게 닥쳐올 비참한 일들을 생각하고 울며 부르짖으십시오. 2 여러분의 재물은 썩고, 여러분의 옷들은 좀먹었습니다. 3 여러분의 금과 은은 녹이 슬었으니, 그 녹은 장차 여러분을 고발할 증거가 될 것이요, 불과 같이 여러분의 살을 먹을 것입니다. 여러분은 세상 마지막 날에도 재물을 쌓았습니다. 4 보십시오, 여러분의 밭에서 곡식을 벤 일꾼들에게 주지 않고 가로챈 품삯이 소리를 지르고 있습니다. 그래서 그 일꾼들의 아우성 소리가 전능하신 주님의 귀에 들어갔습니다. 5 여러분은 이 땅 위에서 사치와 쾌락을 누렸으며, 살육의 날에 마음을 살찌게 하였습니다. 6 여러분

부자를 향한 이 준엄한 말씀을 교회 안팎에서 들어본 적이 없습니다. 오늘 같은 황금만능의 시대에 이 말씀은 어떻게 읽어야 하나요? 고대 교부들 중에도 부자를 향해 살벌한 비판을 던진 이들이 적지 않습니다. 예나 지금이나 돈에 대한 욕망이 신앙의 가장 큰 적이기 때문입니다. 자본주의 시대, 황금만능의 시대라고 해서 하나님 섬김의 원리가 달라질 수는 없습니다. 돈은 하나님이 아닙니다. 돈은 우리의 삶의 유지하고 서로의 삶을 지탱하는 물질적 수단입니다. 바로 이런 용도로 사용되면 소중한 것이지만, 욕망 추구의 대상이 되는 순간 하나님과 대적하는 '맘몬'이 되고 맙니다. 오늘날 이런 경고가 들리지 않는 것은 우리가 돈을 섬기는 문화에 적응했다

은 의인을 정죄하고 죽였지만, 그는 여러분에게 대항하지 않았습니다.

인내와 기도

7 ○ 그러므로 형제자매 여러분, 주님께서 오실 때까지 참고 견디십시오. 보십시오, 농부는 이른 비와 늦은 비가 땅에 내리기까지 오래 참으며, 땅의 귀한 소출을 기다립니다. 8 여러분도 참으십시오. 마음을 굳게 하십시오. 주님께서 오실 때가 가깝습니다. 9 형제자매 여러분, 심판을 받지 않으려거든, 서로 원망하지 마십시오. 보십시오, 심판하실 분께서 이미 문 앞에 서계십니다. 10 형제자매 여러분, 주님의 이름으로 예언한 예언자들을 고난과 인내의 본보기로 삼으십시오. 11 보십시오. 참고 견딘 사람은 복되다고 우리는 생각합니다. 여러분은 욥이 어떻게 참고 견디었는지를 들었고, 또 주님께서 나중에 그에게 어떻게 하셨는지를 알고 있습니다. 주님은 가여워하시는 마음이 넘치고, 불쌍히 여기시는 마음이 크십니다.

12 ○ 나의 형제자매 여러분, 무엇보다도 맹세하지 마십시오.

는 의미일 수 있습니다. "강남 대형교회에서는 (경제정의를 부르짖는) 예언서를 설교하면 안 된다"는 농담 아닌 농담이 이런 현실을 반영합니다. 야고보서처럼, 우리도 의뭉스러운 '축복' 이야기 대신, 냉정한 시선으로 돈에 대한 우리의 태도와 욕망을 점검하는 모습이 필요합니다.

하늘이나 땅이나 그 밖에 무엇을 두고도 맹세하지 마십시오. 다만, "예" 해야 할 경우에는 오직 "예"라고만 하고, "아니오" 해야 할 경우에는 오직 "아니오"라고만 하십시오. 그렇게 해야 여러분은 심판을 받지 않을 것입니다.

13 ○ 여러분 가운데 고난을 받는 사람이 있습니까? 그런 사람은 기도하십시오. 즐거운 사람이 있습니까? 그런 사람은 찬송하십시오. 14 여러분 가운데 병든 사람이 있습니까? 그런 사람은 교회의 장로들을 부르십시오. 그리고 그 장로들은 주님의 이름으로 그에게 기름을 바르고, 그를 위하여 기도하여주십시오. 15 믿음으로 간절히 드리는 기도는 병든 사람을 낫게 할 것이니, 주님께서 그를 일으켜주실 것입니다. 또 그가 죄를 지은 것이 있으면, 용서를 받을 것입니다. 16 그러므로 여러분은 서로 죄를 고백하고, 서로를 위하여 기도하십시오. 그러면 여러분은 낫게 될 것입니다. 의인이 간절히 비는 기도는 큰 효력을 냅니다. 17 엘리야는 우리와 같은 본성을 가진 사람이었지만, 비가 오지 않도록 해달라고 간절히 기도하니, 삼 년 육 개월 동안이나 땅에 비가 내리지 않았으며, 18 다시 기도하니, 하늘이 비를 내리고, 땅은 그 열매를 맺었습니다.

고난을 견디는 비책으로 인내와 기도를 말합니다. 당일 배송이나 퀵서비스에 익숙한 사람들이 시간이 필요한 인내와 기도를 수련하는 방법은 무엇인가요? 인내는 시간 싸움일 때가 많지만, 인내의 과정 자체는 시간을 넘어서는 결단의 문제입니다. 마라톤은 긴 시간의 인내를 요구하지만, 그 시간은 포기하고픈 유혹을 이기고 계속 달리겠다는 매 순간의 결단으로 채워집니다. "하루하루 견디다 보니 세월이 이렇게 흘렀다"고 말하기도 합니다. 성경에서 '인내'는 그냥 꾹 참는 것이 아니라, 지켜야 할 삶의 태도를 포기하지 않는 끈질김을 의미합니다. 기도는 주어진 상황에서 주님의 뜻을 물으며 올바른 선택을 추구하려는 태도의 표현입니다. 그래서 인

19 ○ 나의 형제자매 여러분, 여러분 가운데서 진리를 떠나 그릇된 길을 가는 사람이 있을 때에, 누구든지 그를 돌아서게 하는 사람은 20 이 사실을 알아두십시오. 죄인을 그릇된 길에서 돌아서게 하는 사람은 그 죄인의 영혼을 죽음에서 구할 것이고, 또 많은 죄를 덮어줄 것입니다.

내하는 삶은 기도하는 삶이 됩니다. 특히 나 자신의 약함을 잘 알수록, 또 삶의 복잡함을 경험할수록, 주님의 도우심을 구하는 기도는 더 겸허해질 것입니다. 올바른 삶의 태도와 친숙해질수록, 이를 지키려는 우리의 끈기 역시 더 질겨질 것입니다.

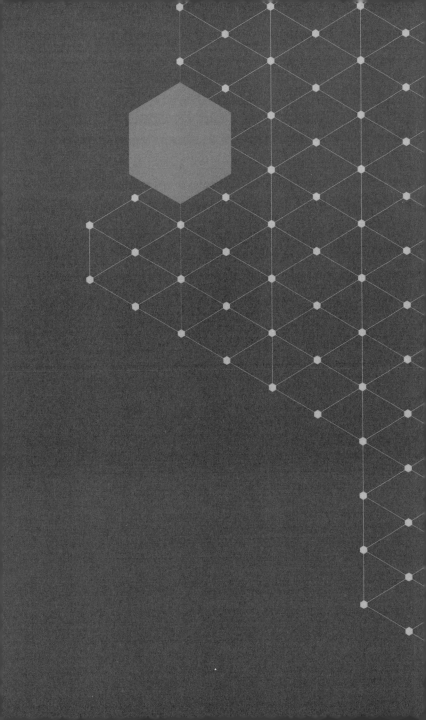

베드로전·후서

1, 2 Peter

신앙으로 고난받는 이들을
위로하고 격려하는 편지

저자는 무엇보다 예수 그리스도의 고난을 상기시킵니다.
먼저 고난받으신 예수님의 모습을 상기시키며,
신자의 고난은 바로 이 원형적 고난에 참여하는 것임을 되새김으로써
현재의 어려움을 극복하도록 돕습니다.
이에 더해 구원의 영광이라는 미래를 향해 순례하는
나그네라는 종말론적 인식 또한 결정적입니다. 이처럼 저자는
신앙의 중심이신 예수 그리스도의 고난을 숙고하고,
또 약속하신 구원을 향해 가는 순례자로서의 위상을 되새김으로써
신자들이 현재의 고난을 이겨낼 수 있도록 도와줍니다.

신약성경에는 베드로의 이름으로 된 2개의 편지가 들어 있습니다. 교회의 전통은 이 둘 모두를 베드로의 저작으로 받아들였습니다.

그렇지만 현대의 학자들은 이 전통에 의문을 표합니다. 아무리 이중언어 문화라지만, 갈릴리 출신의 어부가 썼다고 보기에는 문체가 너무 세련되었다는 사실이 그 이유 중 하나입니다. 반면 이런 가정 자체가 너무 단순하며, 또 베드로가 "실루아노(실라)의 도움으로 썼다"는 사실을 고려하면 충분히 납득된다는 반박도 있습니다. 바울의 사상과 겹치는 부분이 많다는 것도 후대 저작설의 이유가 됩니다. 로마가 기독교의 중심 노릇을 하면서 베드로 계열과 바울 계열의 흐름을 '종합'해 생겨난 편지라는 주장이 그 하나입니다.

그러나 실제 베드로의 저작이 아니라 해도, 이 편지 자체는 베드로의 편지로 읽히도록 작성되었습니다. 현대의 문학적 용어로 표현하면 베드로는 내포저자입니다. 사실상 오늘 우리가 정경으로 읽는 데 큰 차이를 주는 논쟁은 아닌 셈입니다.

구원의 영광을 향해 순례하는 나그네라는 정체성

이 편지는 광범위한 지역의 독자들에게 보내졌습니다. 본도(폰투스), 갈라디아, 갑바도기아, 아시아(현대의 아시아와 구별하기 위해 대체로 소아시아로 표기) 및 비두니아에 흩어져 사는 신자들에게 보낸 편지인데, 이곳은 모두 현재의 튀르키예에 위치한 로마제국 당시의 지방(province)들입니다. 일찍부터 선교가 이루어지고, 복음이 가장 활발하게 전파된 지역입니다. 편지가 작성될 무렵, 이 지역의 신자들은 매우 어려운 사회적 상황에 놓여 있었던 것으로 추정됩니다. 저자는 그들이 그리스도의 '이름 때문에' 고난을 당하도록 부르심을 받았다고 말합니다(4:15-16). 그러나 극심한 박해는 아닌 것으로 보입니다.

실제 언급된 고통의 사례들은 대부분 언어적 차원의 압박입니다. 저자가 정부 권력에 대해 매우 긍정적인 태도를 취하는 것을 보면, 제국이나 지방정부 차원의 박해도 아닌 것으로 추정됩니다. 주변 사회에 대한 태도도 마냥 적대적이지는 않습니다. 당시 사회에서 신앙적 삶을 반기지 않는 것이 당연하겠지만, 올바른 삶을 살면 누가 비난하겠느냐는 식의 상식적 평가도 나옵니다. 전체적으로 보면, 헬레니즘이라는 이교 문화와 로마제국이라는 정치 체제 아래 신앙인들이 마주하는 일반적 차원의 압박 혹은 박해를 염두에 두고, 그리스도인으로서 어떻게 처신해야 하는지 가르치는 글이라 할 수 있습니다. 하지만 '고난'이 주요 핵심어로 반복되는 것을 보면, 결코 손쉬운 상황은 아니었을 것입니다.

베드로전서의 핵심 주제는 그리스도인의 고난입니다. 신앙으로 고난을 받는 이들을 위로하고 격려하는 것이 주된 목적의 하나입니다. 이를 위해 저자는 무엇보다 예수 그리스도의 고난을 상기시킵니다. 먼저 고난받으신 예수님의 모습을 상기시키며, 신자의 고난은 바로 이 원형적 고난에 참여하는 것임을 되새김으로써 현재의 어려움을 극복하도록 돕습니다. 이에 더해 구원의 영광이라는 미래를 향해 순례하는 '나그네'(1:1)라는 종말론적 인식 또한 결정적입니다. 이처럼 저자는 신앙의 중심이신 예수 그리스도의 고난을 숙고하고, 또 약속하신 구원을 향해 가는 순례자로서의 위상을 되새김으로써 신자들이 현재의 고난을 이겨낼 수 있도록 도와줍니다.

거짓 선생과 거짓 가르침에 대한 경고

베드로후서에서는 일반적인 신앙적 권면과 더불어 하나님의 말씀과 또 약속하신 재림의 신빙성을 의심하는 사람들에 관한 이야기를 주요 주제로 다룹니다. 예수님의 재림에 대한 의심 및 마지막 때에 대한 회의는 비단 오늘만의 문제는 아니었습니다. 또한 올바른 신앙을 떠나 이상한 가르침으로 교회를 괴롭히는 거짓 선생들에 관한 경고도 매우 중요한 사안으로 등장합니다. 이 점에서 베드로후서는 유다서와 유사한 대목이 많습니다. 서로 어떻게 연결되는지는 분명치 않지만, 이 부분은 유다서와 비교하며 읽어도 유익할 것입니다.

{ 제1장 }

인사

1 예수 그리스도의 사도인 베드로가, 본도와 갈라디아와 갑바도기아와 아시아와 비두니아에 흩어져서 사는 나그네들인, 택하심을 입은 이들에게 이 편지를 씁니다. 2 하나님 아버지께서 여러분을 미리 아시고 성령으로 거룩하게 해주셔서, 여러분은 순종하게 되고, 예수 그리스도의 피 뿌림을 받게 되었습니다. 여러분에게 은혜와 평화가 더욱 가득 차기를 빕니다.

산 소망

3 ○ 우리 주 예수 그리스도의 하나님 아버지께 찬양을 드립시다. 하나님께서는 그 크신 자비로 우리를 새로 태어나게 하셨습니다. 그리하여 그는, 죽은 사람들 가운데서 예수 그리스도

이 글을 받는 독자들에게 "예수 그리스도의 피 뿌림을 받게 되었다"(2절)고 말합니다. '피 뿌림'이라니, 이것은 무슨 의미인가요? 히브리서에 사용된 것과 마찬가지로 '피 뿌림'은 희생 제물의 피를 뿌리는 것으로, 속죄와 정결의 표현입니다. 예수 그리스도의 십자가 죽음이 우리의 죄를 깨끗하게 씻는 사건이었다는 고백입니다. 항간의 피상적 사고와 달리, 이 피 뿌림과 속죄는 새로운 삶을 위한 절차입니다. 여기서도 '피 뿌림'은 '순종'과 붙어서 나옵니다. 이제부터는 순종하는 삶을 살도록 죄의 짐을 없애주는 것입니다. 이 십자가의 속죄는 예수님의 부활과 더불어 우리를 새로운 존재로 '거듭 태어나게'(중생) 합니다. 이 중생의 결과, 우리는 미래의 구원이라는 유산에 대한 '살아 있는 소망'을 갖게 되었습니다(3~4절). 지금 우리는 믿음을 통해 하나님의 능력으로 보호받고 있으며, 그리스도의 날에 바라던 구원을 받게 될 것입니다(5~9절).

가 부활하심으로 말미암아 우리로 하여금 산 소망을 갖게 해 주셨으며, 4 썩지 않고 더러워지지 않고 낡아 없어지지 않는 유산을 물려받게 하셨습니다. 이 유산은 여러분을 위하여 하늘에 간직되어 있습니다. 5 하나님께서는 여러분의 믿음을 보시고 그의 능력으로 여러분을 보호해주시며, 마지막 때에 나타나기로 되어 있는 구원을 얻게 해주십니다. 6 그러므로 여러분이 지금 잠시 동안 여러 가지 시련 속에서 어쩔 수 없이 슬픔을 당하게 되었다 하더라도 기뻐하십시오. 7 하나님께서는 여러분의 믿음을 단련하셔서, 불로 단련하지만 결국 없어지고 마는 금보다 더 귀한 것이 되게 하시며, 예수 그리스도께서 나타나실 때에 여러분에게 칭찬과 영광과 존귀를 얻게 해주십니다. 8 여러분은 그리스도를 본 일이 없으면서도 사랑하며, 지금 그를 보지 못하면서도 믿으며, 말로 다 표현할 수 없는 즐거움과 영광을 누리면서 기뻐하고 있습니다. 9 여러분은 믿음의 목표 곧 여러분의 영혼의 구원을 받고 있는 것입니다.

10 ○ 예언자들은 이 구원을 자세히 살피고 연구하였습니다.

예언자들이 구원을 자세히 살피고 연구했다고 하는데(10절), 그들은 누구이며 그 연구의 결과는 무엇을 말하는 건가요? 예언자들은 구약성경 예언서의 저자들을 뜻하지만, 넓은 의미로는 구약성경 전체를 포괄합니다. 신약 시대의 신자들은 (구약)성경이 전부 예수 그리스도를 바라보는 예언이라고 생각했습니다. '여러분이 받을 은혜'는 예수님을 통한 구원의 은혜입니다. 성경은 오래전부터 예언자들이 바로 이 예수님과 그분을 통해 주어지는 은혜에 관해 '자세히 살피고 연구한' 기록입니다. 어느 때, 누구를 위한 것인지 연구한 예언자들은 그것이 바로 그리스도의 고난과 그 이후의 부활 및 영광에 관한 것임을 깨닫고 그렇게 '예언'했습니다. 그들 자신이 아니라 이후 그리스도를 믿는 사람들을 위한 것임을 알았던 것입니다. 성령은 이 예언자의 계시를 바탕으로 구원의 복음을 알려줍니다(10-12절). 예수 그리스도라는 최종적 계시의 빛 아래 이전의 계시(성경)를 새롭게 이해하게 된 것입니다.

그들은 여러분이 받을 은혜를 예언하였습니다. 11 누구에게 또는 어느 때에 이런 일이 일어날 것인지를 그들이 연구할 때에, 그들 안에 계신 그리스도의 영이 그리스도에게 닥칠 고난과 그 뒤에 올 영광을 미리 증언하여 드러내주셨습니다. 12 예언자들은 자기들이 섬긴 그 일들이, 자기들을 위한 것이 아니라 여러분을 위한 것임을 계시로 알게 되었습니다. 그 일들은 하늘로부터 보내주신 성령을 힘입어서 여러분에게 복음을 전한 사람들이 이제 여러분에게 선포한 것입니다. 그 일들은 천사들도 보고 싶어 하는 것입니다.

불러주심에 따르는 거룩한 생활

13 ○ 그러므로 여러분은 마음을 단단히 먹고 정신을 차려서, 예수 그리스도께서 나타나실 때에 여러분이 받을 은혜를 끝까지 바라고 있으십시오. 14 순종하는 자녀로서 여러분은 전에 모르고 좇았던 욕망을 따라 살지 말고, 15 여러분을 불러주신 그

모든 행실을 거룩하게 하라는 말씀이 부담스럽습니다. 교회 안에서만 살거나 성직자가 되어야 하는 건가요? 일상에서 거룩하게 사는 것은 무엇인가요? 거룩은 언약의 핵심 주제입니다. 첫 언약이든 예수님을 통해 이루어진 새 언약이든, 본질은 같습니다. 거룩한 공간과 시간을 따로 지정했던 구약성경과 달리, 기독교 복음의 '거룩'은 시공의 구별이 없습니다. 모든 시간, 우리 삶의 모든 영역이 하나님을 섬기는 자리입니다. 하나님과의 언약에서 거룩은 신의 형상을 가진 우리가 참된 사람이 되는 이야기입니다. 우리는 예수님 안에서 우리의 참 존재를 발견하고, 그 존재로 살기를 열망합니다. 누구나 잘 아는 '올바른' 삶과 다르지 않습니다. 때로 이 자부심은 우리 속에 남은 죄의 욕망과 충돌합니다. 사회의 물리적, 정신적 압박과도 마주합니다. 힘겨운 싸움이라 늘 '부담'이지만, 동시에 '올바른' 나, 참된 나를 찾아가는 자부심이자 희망의 걸음입니다.

거룩하신 분을 따라 모든 행실을 거룩하게 하십시오. 16 성경에 기록하기를 "내가 거룩하니 너희도 거룩하여라" 하였습니다. 17 ○ 그리고 사람을 겉모양으로 판단하지 않으시고 각 사람의 행위대로 심판하시는 분을 여러분이 아버지라고 부르고 있으니, 여러분은 나그네 삶을 사는 동안 두려운 마음으로 살아가십시오. 18 여러분은 조상으로부터 물려받은 여러분의 헛된 생활 방식에서 해방되었습니다. 여러분도 아시지만, 그것은 은이나 금과 같은 썩어질 것으로 된 것이 아니라, 19 흠이 없고 티가 없는 어린 양의 피와 같은 그리스도의 귀한 피로 되었습니다. 20 하나님께서는 이 그리스도를 세상이 창조되기 전에 미리 아셨고, 이 마지막 때에 여러분을 위하여 나타내셨습니다. 21 여러분은 그리스도로 말미암아 하나님을 믿고 있습니다. 하나님은 그리스도를 죽은 사람 가운데서 살리시고 그에게 영광을 주셨습니다. 그래서 여러분의 믿음과 소망은 하나님을 향해 있습니다.

22 ○ 여러분은 진리에 순종함으로 영혼을 정결하게 하여서

16절이나 24-25절은 어떤 성경을 인용한 것인가요? 굳이 이렇게 성경을 인용하는 이유는 무엇인가요? 16절은 구약성경 레위기에 반복되는 '언약 공식'입니다(레 11:44; 19:2; 20:7). 우리를 하나님의 거룩함으로 초대하는 것이 언약의 핵심이라는 사실을 보여주는 하나님의 요구입니다. 하나님의 성품에 참여한다는 거룩의 비전은 새 언약에서도 똑같습니다. 거룩의 범위를 우리의 삶 전체로 넓힌다는 점에서 거룩의 비전을 더욱 심화한다고 할 수도 있습니다. 이렇게 성경 말씀을 통해 언약에 관한 하나님의 뜻을 재차 상기시키는 것입니다. 24-25절은 구약성경 이사야서 40장 8-9절입니다. 시인이자 예언자인 이사야의 언어를 가져와, 생명의 능력을 가진 말씀과 한시적이며 무력한 인간 존재의 차이를 드러냅니다. 무엇을 의지하는 것이 현명한지 생각해보라는 뜻입니다. 이미 잘 아는 생각이지만, 성경 말씀이라 그 무게가 다릅니다.

꾸밈없이 서로 사랑하기에 이르렀으니, [순결한] 마음으로 서로 뜨겁게 사랑하십시오. 23 여러분은 다시 태어났습니다. 그것은 썩을 씨로 그렇게 된 것이 아니라, 썩지 않을 씨 곧 살아계시고 영원하신 하나님의 말씀으로 그렇게 되었습니다. 24 "모든 육체는 풀과 같고, 그 모든 영광은 풀의 꽃과 같다. 풀은 마르고 꽃은 떨어지되, 25 주님의 말씀은 영원히 있다." 이것이 여러분에게 복음으로 전해진 말씀입니다.

{ 제2장 }

살아 있는 돌과 거룩한 국민

1 그러므로 여러분은 모든 악의와 모든 기만과 위선과 시기와 온갖 비방하는 말을 버리십시오. 2 갓난아기들처럼 순수하고 신령한 젖을 그리워하십시오. 여러분은 그것을 먹고 자라서

신령한 젖을 그리워하고(2절), 신령한 집이 되고(5절) 신령한 제사를 드리는(5절)…. 여기서 말하는 '신령한'의 의미는 무엇인가요? 갓 태어난 아기가 엄마 품에서 아무것도 섞이지 않은 '순수한' 엄마 젖을 자기에게 '합당하고, 적절한' 음식으로 먹는 것처럼, 신자들은 그리스도의 품에서 순수하고 '신령한'(=영적인, 합당한, 적절한) 삶의 자양을 받아먹습니다. 특히 하나님의 말씀(1:23, 25)과 이에 토대를 둔 '올바른 말'을 염두에 둔 비유로 보입니다(2:1). 5절의 '신령한'은 '(성)령'의 형용사형입니다. 하나님의 영, 곧 성령으로 새로운 존재가 된 신자들은 하나님의 영이 머무시는 '신령한 집', 곧 새로운 성전으로 함께 지어져갑니다. 여기서 그들은 제사장이 되어 하나님께 '신령한 영의 제사'를 드립니다. 구약 시대나 주변 이교 세계의 물리적 성전 및 짐승 제사와 달리, 신자들은 성령에 이끌리며 새로운 삶의 제사, 곧 신령한 제사를 드립니다. 이렇게 그들은 신령한 집, 즉 하나님께서 머무시는 거룩한 공동체를 만들어갑니다.

구원에 이르러야 합니다. 3 여러분은 주님의 인자하심을 맛보았습니다. 4 주님께 나아오십시오. 그는 사람에게는 버림을 받으셨으나, 하나님께는 택하심을 받은 살아 있는 귀한 돌입니다. 5 살아 있는 돌과 같은 존재로서 여러분도 집 짓는 데 사용되어 신령한 집이 됩니다. 그래서 여러분은 예수 그리스도로 말미암아 하나님께서 기쁘게 받으실 신령한 제사를 드리는 거룩한 제사장이 되십니다. 6 성경에 이런 말씀이 있습니다. "보아라, 내가 골라낸 귀한 모퉁이 돌 하나를 시온에 둔다. 그를 믿는 사람은 결코 부끄러움을 당하지 않을 것이다." 7 그러므로 이 돌은 믿는 사람들인 여러분에게는 귀한 것이지만, 믿지 않는 사람들에게는, "집 짓는 자들이 버렸으나, 모퉁이의 머릿돌이 된 돌"이요, 8 또한 "걸리는 돌과 넘어지게 하는 바위"입니다. 그들이 걸려서 넘어지는 것은 말씀을 순종하지 않기 때문이며, 또한 그렇게 되도록 정해놓으셨기 때문입니다.

9 ○ 그러나 여러분은 택하심을 받은 족속이요, 왕과 같은 제사장들이요, 거룩한 민족이요, 하나님의 소유가 된 백성입니다. 그래서 여러분을 어둠에서 불러내어 자기의 놀라운 빛 가

저자는 왜 독자를 '나그네와 거류민 같은 여러분'(11절)이라고 상정하고 있나요? 신약성경 요한복음서에 나오는 예수님의 표현을 빌리면, 예수님의 제자들은 세상에 있으나 세상에 속하지 않는 존재입니다. 새로운 존재가 되었고, 새로운 목적지를 향해 떠난 사람들이기 때문입니다. "어디에서나 살아가지만, 아무 데도 속하지 않았다"고 말할 수 있습니다. 이 세상과 그 가치에 마음을 붙이고 사는 것이 아니라, 하나님께서 약속하신 새롭고 영원한 삶(구원)의 소망을 향한 순례를 이어갑니다. 그래서 우리는 이 세상 시민의 욕망과 권리를 내세우지 않고 종종 이 세상과 다른 모습을 보이며, 지나가는 '나그네'로, 잠시 머무는 '거류민'으로 살아갑니다. 구약성경의 이미지로 말하자면, 종살이의 공간인 이집트를 나와 안식의 가나안을 향해 움직이는 광야 이스라엘과 같습니다.

운데로 인도하신 분의 업적을, 여러분이 선포하는 것입니다. 10 여러분이 전에는 하나님의 백성이 아니었으나, 지금은 하나님의 백성이요, 전에는 자비를 입지 못한 사람이었으나, 지금은 자비를 입은 사람입니다.

하나님의 종으로 살라

11 ○ 사랑하는 여러분, 나는 나그네와 거류민 같은 여러분에게 권합니다. 영혼을 거슬러 싸우는 육체적 정욕을 멀리하십시오. 12 여러분은 이방 사람 가운데서 행실을 바르게 하십시오. 그렇게 해야 그들은 여러분더러 악을 행하는 자라고 욕하다가도, 여러분의 바른 행위를 보고 하나님께서 찾아오시는 날에 하나님께 영광을 돌릴 것입니다.

13 ○ 여러분은 인간이 세운 모든 제도에 주님을 위하여 복종하십시오. 주권자인 왕에게나, 14 총독들에게나, 그렇게 하십시오. 총독들은 악을 행하는 사람에게 벌을 주고 선을 행하는 사람에게 상을 주게 하려고 왕이 보낸 이들입니다. 15 선을 행함으로 어리석은 자들의 무지한 입을 막는 것이 하나님의 뜻

인간이 세운 모든 제도에 주님을 위해 복종하라는 말씀(13절)은 오늘날 어떻게 해석하고 받아들이는 것이 적절한가요? 예수님이 최고 통치자('주')인 신자에게는 세상의 모든 권력이 상대적입니다. 그렇다고 "마음대로 하라"는 무정부주의가 아닙니다. 모든 권력은 하나님께서 주신 것입니다. 그러므로 현실의 제도를 유지하는 권력에 복종하는 것이 옳습니다. '악을 행하는 사람'에게는 벌을, '선을 행하는 사람'에게는 상을 주며 사회질서를 유지하기 때문입니다(14절). 물론 신자에게는 '자유'가 있습니다. 하지만 이것은 이기적 악행을 위한 면허가 아니라, '하나님의 종'으로 섬기기 위한 자유입니다(16절). 그래서 정당한 질서에 복종하는 것이 마땅합

입니다. 16 여러분은 자유인으로 사십시오. 그러나 그 자유를 악을 행하는 구실로 쓰지 말고, 하나님의 종으로 사십시오. 17 모든 사람을 존중하며, 믿음의 식구들을 사랑하며, 하나님을 두려워하며, 왕을 공경하십시오.

그리스도의 고난

18 ○ 하인으로 있는 여러분, 극히 두려운 마음으로 주인에게 복종하십시오. 선량하고 너그러운 주인에게만 아니라, 까다로운 주인에게도 그리하십시오. 19 억울하게 고난을 당하더라도 하나님을 생각하면서 괴로움을 참으면, 그것은 아름다운 일입니다. 20 죄를 짓고 매를 맞으면서 참으면, 그것이 무슨 자랑이 되겠습니까? 그러나 선을 행하다가 고난을 당하면서 참으면, 그것은 하나님께서 보시기에 아름다운 일입니다.

21 ○ 바로 이것을 위하여 여러분은 부르심을 받았습니다. 그리스도께서는 여러분을 위하여 고난을 당하심으로써 여러분이 자기의 발자취를 따르게 하시려고 여러분에게 본을 남겨놓으셨습니다. 22 그는 죄를 지으신 일이 없고 그의 입에서는 아

니다(17절; 롬 13:1-7; 딤전 2:1-3; 딛 3:1). 물론 권력이 올바른 신자의 삶을 막는다면 이야기는 달라집니다. 또 시민이 권력 주체가 된 정치 역학의 변화도 고려해야합니다. 성경 전체의 가르침과 사회구조의 변화를 모두 고려한 창조적 해석이 필요한 대목입니다.

무런 거짓도 찾아볼 수 없었습니다. 23 그는 모욕을 당하셨으나 모욕으로 갚지 않으시고, 고난을 당하셨으나 위협하지 않으시고, 정의롭게 심판하시는 이에게 다 맡기셨습니다. 24 그는 우리 죄를 자기의 몸에 몸소 지시고서, 나무에 달리셨습니다. 그것은, 우리가 죄에는 죽고 의에는 살게 하시려는 것이었습니다. 그가 매를 맞아 상함으로 여러분이 나음을 얻었습니다. 25 전에는 여러분은 길 잃은 양과 같았으나, 이제는 여러분의 영혼의 목자이며 감독이신 그에게로 돌아왔습니다.

{ 제3장 }

아내와 남편

1 아내가 된 이 여러분, 이와 같이 여러분은 자기 남편에게 순복하십시오. 그리하면 비록 말씀에 복종하지 않는 남편일지라도, 말을 하지 않고도 아내 여러분의 행실로 말미암아 구원을

아내와 남편인 사람들에 대한 지침이 상당히 구체적입니다. 남편과 아내에 대해 이렇게 정해줘야 할 만한 어떤 배경이 있었나요? 문화적으로 헬레니즘, 정치적으로 로마제국 시대는 기본적으로 가정을 중심으로 움직이는 사회였습니다. 가부장(아버지) 아래 아내(어머니)와 자녀들, 그리고 종들, 넓게는 고용인들까지 포함하는 넓은 개념입니다. 그래서 이 가정 내의 올바른 관계는 당시의 윤리에서도 중요한 주제였습니다. 초대교회는 이 가정 구조를 반영해 형성되었습니다. 그래서 가정 내의 관계에 대한 사회의 이상을 적절히 수용하되, 이를 신앙 공동체의 관점에서 수정하는 움직임을 보였습니다. 본문도 그런 사례의 하나입니다. 남녀 및 부부 관계는 당시 사회의 문화적, 도덕적 감수성이 짙게 반영되는 영역이라, 읽을 때 시대 변화를 염두에 둔 해석의 '보정'(補正)이 필요합니다.

얻게 될 것입니다. 2 그들이 여러분의 경건하고 순결한 행실을 보고 그렇게 될 것입니다. 3 여러분은 머리를 꾸미며 금붙이를 달거나 옷을 차려입거나 하여 겉치장을 하지 말고, 4 썩지 않는 온유하고 정숙한 마음으로 속사람을 단장하도록 하십시오. 그것이 하나님께서 보시기에 값진 것입니다. 5 전에 하나님께 소망을 두고 살던 거룩한 여자들도 이와 같이 자기를 단장하고, 자기 남편에게 순복하였습니다. 6 사라가 아브라함을 주인이라고 부르면서 그에게 순종하던 것과 같습니다. 여러분은 선을 행하고, 아무리 무서운 일도 두려워하지 않으니, 사라의 딸이 된 것입니다.

7 ㅇ 남편이 된 이 여러분, 이와 같이 여러분도 아내가 여성으로서 자기보다 연약한 그릇임을 이해하고 함께 살아야 합니다. 그리고 생명의 은혜를 함께 상속받을 사람으로 알고 존중하십시오. 그리해야 여러분의 기도가 막히지 않을 것입니다.

성인군자가 되라는 듯한 훈계가 이어집니다. 이 인용문(10-12절)은 어디에서 나온 것인가요? 인용까지 하면서 이 대목을 강조하는 저자의 의도는 무엇인가요? 우리의 행동은 우리의 정체성을 반영합니다. 이 정체성에는 우리가 바라는 미래에 대한 신념이 포함됩니다. 우리는 하나님의 부르심을 받았고, 여기에는 구원의 복을 유산으로 받으리라는 희망이 있습니다(9절). 저자는 이 복음의 소망이라는 관점에서 시편(성경)의 노래를 다시 음미합니다. 우리는 '생명' 곧 영생에 마음을 두고, '좋은 날' 곧 구원의 날을 고대합니다. 그래서 우리는 죽음의 길 대신 미래를 향해 열린 길을 선택합니다. 하나님께서 보여주신 길을 따라 그분이 약속하신 목적지에 도달하려 합니다(10-12절; 시 34:12). 구체적인 삶의 지침들은 힘겨운 요구로 보이기도 하지만, 실은 우리를 미래로 인도하는 반가운 이정표입니다. 물론 새로운 정체성과 소망은 이 세상과 우리의 몸에 스며 있는 죄의 욕망과 충돌합니다. 그래서 신앙은 늘 욕망과의 싸움입니다. 안 해도 될 싸움을 시키는 것이 아니라, 우리를 생명에 이르게 하는 생존 투쟁입니다.

의를 위한 고난

8 ○ 마지막으로 말합니다. 여러분은 모두 한마음을 품으며, 서로 동정하며, 서로 사랑하며, 자비로우며, 겸손하십시오. 9 악을 악으로 갚거나 모욕을 모욕으로 갚지 말고, 복을 빌어 주십시오. 여러분으로 하여금 복을 상속받게 하시려고, 하나님께서 여러분을 부르셨습니다. 10 "생명을 사랑하고, 좋은 날을 보려고 하는 사람은 혀를 다스려 악한 말을 하지 못하게 하며, 입술을 닫아서 거짓말을 하지 못하게 하여라. 11 악에서 떠나, 선을 행하며, 평화를 추구하며, 그것을 좇아라. 12 주님의 눈은 의인들을 굽어보시고, 주님의 귀는 그들의 간구를 들으신다. 그러나 주님은 악을 행하는 자들에게서는 얼굴을 돌리신다."

13 ○ 그러므로 여러분이 열심으로 선한 일을 하면, 누가 여러분을 해치겠습니까? 14 그러나 정의를 위하여 고난을 받으면, 여러분은 복이 있습니다. 그들의 위협을 무서워하지 말며, 흔들리지 마십시오. 15 다만 여러분의 마음속에 그리스도를 주님으로 모시고 거룩하게 대하십시오. 여러분이 가진 희망을

희망(15절)은 무엇이며, 그 희망에 대해 온유함과 두려운 마음을 가지고 답변하라고 조언한 이유는 무엇인가요? 우리의 희망은 구원을 바라보는 희망입니다. 예수님께서 다시 나타나실 때 주어질 이 구원이 우리 믿음의 최종 목적지입니다(1:7, 9). 이 희망은 삶 속에서 우리의 행보를 남다르게 합니다. 그래서 우리는 늘 이웃과 세상의 법정에 서 있습니다. 세상과 이웃은 우리가 가진 소망의 근거를 다양한 형태로 따지고 듭니다. 그러므로 우리는 그리스도 안에서 우리가 가진 소망의 근거를 '변증' 혹은 '변호'할 수 있어야 합니다. 우리는 이 소망이 참 진리라 믿습니다. 그렇다면 이확신은 다른 사람과 대화와 소통이 가능해야 합니다. 이 변호는 이웃을 향한 '온유

설명하여주기를 바라는 사람에게는, 언제나 답변할 수 있게 준비를 해두십시오. 16 그러나 온유함과 두려운 마음으로 답변하십시오. 선한 양심을 가지십시오. 그리하면 그리스도 안에서 행하는 여러분의 선한 행실을 욕하는 사람들이, 여러분을 헐뜯는 그 일로 부끄러움을 당하게 될 것입니다. 17 하나님께서 바라시는 뜻이라면, 선을 행하다가 고난을 받는 것이, 악을 행하다가 고난을 받는 것보다 낫습니다. 18 그리스도께서도 죄를 사하시려고 단 한 번 죽으셨습니다. 곧 의인이 불의한 사람을 위하여 죽으신 것입니다. 그것은 그가 육으로는 죽임을 당하시고 영으로는 살리심을 받으셔서 여러분을 하나님 앞으로 인도하시려는 것입니다. 19 그는 영으로, 옥에 있는 영들에게도 가셔서 선포하셨습니다. 20 그 영들은, 옛적에 노아가 방주를 지을 동안에, 곧 하나님께서 아직 참고 기다리실 때에, 순종하지 않던 자들을 말하는 것입니다. 그 방주에 들어가 물에서 구원받은 사람은 겨우 여덟 사람밖에 없었습니다. 21 그 물은 지금 여러분을 구원하는 세례를 미리 보여준 것입니다. 세례는 육체의 더러움을 씻어내는 것이 아니라, 예수 그리스도의 부활을 힘입어서 선한 양심이 하나님께 응답하는 것입니다.

함'과 하나님을 향한 '두려움'으로 이루어집니다. 악을 악으로 갚는 대신 선하고 온유한 태도를 유지하면서, 일방적 강변이 아닌 말이 통하는 답변을 내어놓습니다. 여기서 중요한 것은 우리 언어의 진실함을 뒷받침하는 '선한 행동' 곧 '선한 양심'입니다(16절).

22 그리스도께서는 하늘로 가셔서 하나님의 오른쪽에 계시니, 천사들과 권세들과 능력들이 그에게 복종하고 있습니다.

{ 제4장 }

하나님의 은혜를 맡은 선한 관리인

1 그리스도께서는 육신으로 고난을 받으셨습니다. 여러분도 같은 마음으로 무장하십시오. 육신으로 고난을 받은 사람은 이미 죄와 인연을 끊은 것입니다. 2 이제부터는, 육신으로 살아갈 남은 때를 인간의 욕정대로 살지 말고, 하나님의 뜻대로 살아야 합니다. 3 여러분은 지난날에 이방 사람들이 하고 싶어하는 일을 하였으니, 곧 방탕과 정욕과 술 취함과 환락과 연회와 가증스러운 우상숭배에 빠져 살아왔습니다. 그것은 지나간 때로 충분합니다. 4 그들은 여러분이 자기들과 함께 그런 지나친 방종에 빠지지 않는 것을 이상히 여기면서, 여러분을 비방합니다. 5 그들은 산 사람과 죽은 사람을 심판하실 분에게 사

죽은 사람들에게도 복음이 전해졌다(6절)는 것은 무슨 의미인가요? 난해한 구절 가운데 하나입니다. 수동태 동사('복음이 전해졌다')의 주어가 누구인지, '죽은 사람들'이 누구인지에 따라 해석이 달라집니다. 그리스도가 복음 전파자로 묘사되지는 않아, 그 주체는 아마도 (인간) 전도자들일 것입니다. '죽은 사람들'은 더 모호합니다. 1) 회심 이전에 죽은 사람들, 2) 노아 시대 홍수로 죽은 사람들 혹은 모든 죽은 사람들, 3) 그리스도 이전에 믿었던 사람들, 4) 복음을 믿은 후 죽은 사람들 등 여러 해석이 있습니다. 여기 실린 새번역 성경과 달리, 6절 하반절은 "육체로 사람의 기준을 따라 심판받는" 것을 말합니다. 그렇다면 이는 마지막 심판이 아닌, 현재 하나

실을 죄다 아뢰어야 합니다. 6 죽은 사람들에게도 복음이 전해진 것은, 그들이 육신으로는 모든 사람이 심판받는 대로 심판을 받으나, 영으로는 하나님을 따라 살게 하려는 것입니다.

7 ○ 만물의 마지막이 가까이 왔습니다. 그러므로 정신을 차리고, 삼가 조심하여 기도하십시오. 8 무엇보다도 먼저 서로 뜨겁게 사랑하십시오. 사랑은 허다한 죄를 덮어줍니다. 9 불평 없이 서로 따뜻하게 대접하십시오. 10 각 사람은 은사를 받은 대로 하나님의 여러 가지 은혜를 맡은 선한 관리인으로서 서로 봉사하십시오. 11 말을 하는 사람은 하나님의 말씀을 전파하는 사람답게 하고, 봉사하는 사람은 하나님께서 주시는 힘으로 봉사하는 사람답게 하십시오. 그리하면 하나님이 모든 일에 예수 그리스도로 말미암아 영광을 받으실 것입니다. 영광과 권세가 영원무궁하도록 그에게 있습니다. 아멘.

그리스도인이 받을 고난

12 ○ 사랑하는 여러분, 여러분을 시험하려고 시련의 불길이 여러분 가운데 일어나더라도, 무슨 이상한 일이나 생긴 것처럼

님을 믿지 않는 이웃들에 의한 심판일 것입니다. 죽은 사람이 "영으로 하나님을 따라 산다"는 주장이 터무니없다는 인간적 판단이자 심판입니다. 그렇다면 네 번째 해석이 무난해 보입니다. 하지만 모호한 부분이 많아 정답이라 확신하기는 어렵습니다.

놀라지 마십시오. 13 그만큼 여러분은 그리스도의 고난에 동참하는 것이니, 기뻐하십시오. 그러면 그의 영광이 나타날 때에 여러분은 또한 기뻐 뛰며 즐거워하게 될 것입니다. 14 여러분이 그리스도의 이름으로 모욕을 당하면 복이 있습니다. 영광의 영 곧 하나님의 영이 여러분 위에 머물러계시기 때문입니다. 15 여러분 가운데에 아무도 살인자나 도둑이나 악을 행하는 자나 남의 일을 간섭하는 자로서 고난을 당하는 일이 없도록 하십시오. 16 그러나 그리스도인으로서 고난을 당하면 부끄러워하지 말고, 도리어 그 이름으로 하나님께 영광을 돌리십시오. 17 하나님의 집에서부터 심판을 시작할 때가 되었기 때문입니다. 심판이 우리에게서 먼저 시작되면, 하나님의 복음에 순종하지 않는 자들의 마지막이 어떠하겠습니까? 18 "의인도 겨우 구원을 받으면, 경건하지 않은 자와 죄인은 어떻게 되겠습니까?" 19 그러므로 하나님의 뜻을 따라 고난을 받는 사람은, 선한 일을 하면서 자기의 영혼을 신실하신 조물주께 맡기십시오.

시련의 불길이 일어나도 놀라지 말고 그리스도의 고난에 동참한 것이니 기뻐하라(12-13절)는 말은 일상에서 만나는 어려움이 아닌, 종교적 박해를 염두에 둔 말인가요? 그 배경이 궁금합니다. 신약성경이 '박해' 이야기로 가득한 것에서 알 수 있듯이, 1세기 로마제국에서 그리스도인으로 사는 것은 매우 위험한 선택이었습니다. 도덕적 이상을 추구한다는 점에서 칭찬의 대상이 되기도 했지만, 시대의 흐름에 동참하지 않는 신자들의 '특이한' 삶의 방식은 사회적 비난의 원인이 될 때가 많았습니다. 하나님 외에 다른 신을 부정하는 것은 종교적 불경으로, 황제 제의에 참여하지 않는 것은 정치적 반역으로 여겨졌습니다. 다양한 욕망으로 직조된 시대 분위기에 동참하지 않는 것은 반사회적인 태도로 보였을 것입니다. 이는 사적 관계, 직업적 관계 및 사회적 관계 속에서 다양한 형태의 비난과 소외, 크고 작은 신체적, 경제적, 사회적 압박으로 이어졌습니다. 신앙을 지키려다 겪는 고난이기에 '종교적' 박해지만, 그 박해 자체는 일상 전반에 영향을 미쳤습니다.

{ 제5장 }

하나님의 양 떼를 돌보십시오

1 나는 여러분 가운데 장로로 있는 이들에게, 같은 장로로서, 또한 그리스도의 고난의 증인이요 앞으로 나타날 영광을 함께 누릴 사람으로서 권면합니다. 2 여러분 가운데 있는 하나님의 양 떼를 먹이십시오. 억지로 할 것이 아니라, 하나님의 뜻을 따라 자진하여 하고, 더러운 이익을 탐하여 할 것이 아니라, 기쁜 마음으로 하십시오. 3 여러분은 여러분이 맡은 사람들을 지배하려고 하지 말고, 양 떼의 모범이 되십시오. 4 그러면 목자장이 나타나실 때에 변하지 않는 영광의 면류관을 얻을 것입니다.

5 ○ 젊은이 여러분, 이와 같이 여러분도 나이가 많은 이들에게 복종하십시오. 모두가 서로서로 겸손의 옷을 입으십시오.

세대를 두고 복종과 겸손을 말합니다(5절). 요즘처럼 세대 간 갈등이 극심하고 혐오로까지 이어지는 마당에, 복종과 겸손을 어떻게 적용할 수 있나요? '나이가 많은 이들'은 단순히 장년, 노년층이 아니라 연륜과 경험을 쌓은 교회의 지도자들을 가리킵니다. 따라서 '젊은이' 역시 청년층을 넘어 교회 지도자들의 지도에 복종해야 할 신자들 모두를 가리킨다고 할 수 있습니다. 물론 세대의 구분이 어느 정도 적용되는 것은 사실입니다. '연장자' 공경은 고대로부터 모든 문화에서 보편적인 덕목이었습니다. 개인적으로 또 사회적으로 젊은 세대를 낳고 길러준 부모 세대일 뿐 아니라, (모두는 아니지만) 오랜 경험과 지혜를 갖춘 이들이기 때문입니다. 이런 어른에게 복종하라는 권고는 당시 사회의 권위 구조를 반영하기도 하지만, 올바른 가치를 배우고 따르라는 권고이기도 합니다. 그래서 성경은 "모두, 서로 겸손하라"고 가르칩니다(5절). 모두가 하나님의 권위 아래 복종하면서 적절한 권위 구조를 만들라는 뜻입니다.

하나님께서는 교만한 자를 물리치시고, 겸손한 사람에게 은혜를 베푸십니다.

6 ○ 그러므로 여러분은 하나님의 능력의 손 아래로 자기를 낮추십시오. 때가 되면, 하나님께서 여러분을 높이실 것입니다.
7 여러분의 걱정을 모두 하나님께 맡기십시오. 하나님께서는 여러분을 돌보고 계십니다.
8 ○ 정신을 차리고, 깨어 있으십시오. 여러분의 원수 악마가, 우는 사자같이 삼킬 자를 찾아 두루 다닙니다. 9 믿음에 굳게 서서, 악마를 맞서 싸우십시오. 여러분도 아는 대로, 세상에 있는 여러분의 형제자매들도 다 같은 고난을 겪고 있습니다.
10 모든 은혜를 주시는 하나님, 곧 그리스도 안에서 여러분을 자기의 영원한 영광에 불러들이신 분께서, 잠시 동안 고난을 받은 여러분을 친히 온전하게 하시고, 굳게 세워주시고, 강하게 하시고, 기초를 튼튼하게 하여주실 것입니다. 11 권세가 영원히 하나님께 있기를 빕니다. 아멘.

갑자기 기도문이 나오고(10~11절), 권세가 영원히 하나님께 있기를 빌면서 마무리합니다. 이 말은 주기도문 끄트머리와 비슷한데, 당시에 이것은 일반적인 형식이었나요? 당시 유대교나 기독교 신자들의 편지는 독자들을 위해 하나님께 드리는 기도와 그분의 이름을 찬양하는 '송영'을 포함하는 경우가 많습니다. 이 책에 함께 실린 히브리서나 유다서의 끝부분에서도 같은 현상을 관찰할 수 있습니다(히 13:20~21; 유 24~25절). 당시 유대교로부터 전해진 전통적 기도문은 하나님의 영광을 찬양하는 것으로 마무리됩니다. '영광' 혹은 '권세'를 하나님께 돌린다는 표현이 전형적이고, 유다서(25절)처럼 여러 단어를 겹쳐 하나님의 위상을 강조하기도 합니다. 주기도문의 송영에도 '권세와 영광'이 함께 나옵니다. (우리 성경에는 이 부분이 괄호로 묶여 있습니다. 원래 마태복음서에는 없었는데, 교회가 이 본문을 전승하면서 송영을 덧붙여 더 자연스러운 기도문 형태로 만들었다는 뜻입니다.) 기도의 끝이 하나님 찬양으로 끝나는 전통은 깊이 숙고해볼 가치가 있습니다.

작별 인사

12 ○ 내가 신실한 형제로 여기는 실루아노의 손을 빌려서 나는 여러분에게 몇 마디 썼습니다. 이로써 나는 여러분을 격려하고 이것이 하나님의 참된 은혜라는 것을 증거합니다. 여러분은 이 은혜 안에 든든히 서십시오. 13 여러분과 함께 택하심을 받은 바빌론에 있는 자매 교회와 나의 아들 마가가 여러분에게 문안합니다. 14 여러분도 사랑의 입맞춤으로써 서로 문안하십시오. 그리스도 안에 있는 여러분 모두에게 평화가 있기를 빕니다.

{ 제1장 }

인사

1 예수 그리스도의 종이요 사도인 시므온 베드로가, 우리 하나
님과 구주 예수 그리스도의 의를 힘입어서, 우리의 믿음과 같
은 귀한 믿음을 받은 이들에게 이 편지를 씁니다. 2 하나님과
우리 주 예수를 앎으로써, 은혜와 평화가 여러분에게 더욱 풍
성하여지기를 바랍니다.

부르심과 선택하심

3 ○ 하나님께서는, 우리가 그를 앎으로 말미암아 생명과 경
건에 이르게 하는 모든 것을, 그의 권능으로 우리에게 주셨습
니다. 하나님은 우리를 부르셔서 그의 영광과 덕을 누리게 해
주신 분이십니다. 4 그는 이 영광과 덕으로 귀중하고 아주 위
대한 약속들을 우리에게 주셨습니다. 그것은 이 약속들로 말
미암아 여러분이 세상에서 정욕 때문에 부패하는 사람이 되는

저자는 자신을 '예수 그리스도의 종이요 사도'라고 말합니다. 여기서 '종'의 의미는
무엇인가요? 그 함의도 궁금합니다. 바울도 거의 같은 표현으로 자신을 묘사한 적
이 있습니다(롬 1:1). 종은 노예입니다. 자유 없이 주인의 소유로 간주되는 존재입니
다. 그러니까 자신은 '예수 그리스도를 주(인)님으로 섬기는 노예'라는 뜻입니다. 또
한 성경의 전통에서는 주(인)이신 하나님의 선택을 받아 섬기는 존재를 '하나님의
종' 혹은 '야훼의 종'으로 불렀습니다. 하나님 앞에서는 낮춤의 표현이지만, 사람에
대해서는 권위의 표현입니다. 이 용법을 이어받아 그리스도인 공동체의 지도자들은
종종 자신을 '예수 그리스도의 종'으로 묘사합니다. 더 구체적으로 이 '종'은 '사도'

것이 아니라, 하나님의 성품에 참여하는 사람이 되게 하시려는 것입니다. 5 그러므로 여러분은 열성을 다하여 여러분의 믿음에 덕을 더하고, 덕에 지식을 더하고, 6 지식에 절제를 더하고, 절제에 인내를 더하고, 인내에 경건을 더하고, 7 경건에 신도 간의 우애를 더하고, 신도 간의 우애에 사랑을 더하도록 하십시오. 8 이런 것들이 여러분에게 갖추어지고, 또 넉넉해지면, 여러분은 우리 주 예수 그리스도를 아는 일에 게으르거나 열매를 맺지 못하는 사람이 되지 않을 것입니다. 9 그러나 이런 것들을 갖추지 못한 사람은 근시안이거나 앞을 못 보는 사람입니다. 이런 사람은 자기의 옛 죄가 깨끗하여졌음을 잊어버린 것입니다. 10 그러므로 형제자매 여러분, 더욱더 힘써서, 여러분이 부르심을 받은 것과 택하심을 받은 것을 굳게 하십시오. 그러면 여러분은 넘어지지 않을 것입니다. 11 또한 여러분은, 우리의 주님이시며 구주이신 예수 그리스도의 영원한 나라에 들어갈 자격을 충분히 갖출 것입니다.

12 ○ 그러므로 비록 여러분이 이런 것들을 알고 있고, 또 받은 진리에 굳게 서 있지만, 나는 언제나 이런 것들을 두고서 여러분을 일깨우려 합니다. 13 나는, 이 육신의 장막에 사는 동안,

입니다. 다양한 맥락에서 '파송된 사람'을 가리키지만, 좁은 의미로는 예수님과 함께 다니며 그분의 제자로 선택받던 이들을 일컫습니다. 열두 제자는 아니지만, 바울도 나중에 부활하신 주님을 만나 (이방인을 위한) 사도로 부르심을 받았다고 주장했습니다. 편지 서두에서 이 표현은 자기가 하는 말을 권위 있는 말로 받아달라는 의도를 나타내기도 합니다.

여러분의 기억을 일깨워서 분발하게 하는 것이 옳다고 생각합니다. 14 우리 주 예수 그리스도께서 나에게 보여주신 대로, 내가 육신의 장막을 벗을 때가 멀지 않음을 알고 있기 때문입니다. 15 그리고 내가 세상을 떠난 뒤에도 언제든지 여러분이 이런 일들을 기억할 수 있게 하려고 힘을 쓰고 있습니다.

그리스도의 영광과 예언자의 말

16 ○ 우리가 여러분에게 우리 주 예수 그리스도의 권능과 재림을 알려드린 것은, 교묘하게 꾸민 신화를 따라서 한 것이 아닙니다. 우리는 그의 위엄을 눈으로 본 사람들입니다. 17 더없이 영광스러운 분께서 그에게 말씀하시기를 "이는 내 사랑하는 아들이요, 내가 좋아하는 아들이다" 하실 때에, 그는 하나님 아버지께로부터 존귀와 영광을 받았습니다. 18 우리가 그 거룩한 산에서 그분과 함께 있을 때에 우리는 이 말소리가 하늘로부터 들려오는 것을 들었습니다. 19 또 우리에게는 더욱 확실한 예언의 말씀이 있습니다. 여러분의 마음속에서 날이

부르심을 받은 것과 택하심을 받은 것을 굳게 하라(10절)고 조언합니다. 부르심과 택하심은 무엇을 말하나요? 구원의 복음이 하나님에게서 나왔으며, 모든 것이 하나님의 주권적 의지의 결과라는 믿음의 표현입니다. 부르심은 구원의 관계가 특별한 목적을 가진 하나님의 행동이라는 것을 가리킵니다. 또 택하심은 우리가 아니라, 하나님께서 친히 우리를 부르기로 '선택'하셨다는 뜻입니다. 이스라엘을 특별한 백성으로 삼아 언약을 맺었듯이, 이제 하나님께서는 신자들을 선택하고 부르셔서 새 언약 백성으로 삼으셨습니다. 물론 언약은 '상호 관계'입니다. 하나님과 백성은 각자의 권리와 책임 속에서 역동적인 관계를 이루어갑니다. 따라서 그분의 뜻에 순종하며 이 부르심과 선택을 계속 '굳게 만드는' 일, 곧 이를 유효하게 지키려고 '애쓰는' 것이 백성의 몫입니다. 그래야 구원을 향한 여정에서 '넘어지지 않을' 것입니다.

새고 샛별이 떠오를 때까지, 여러분은 어둠 속에서 비치는 등불을 대하듯이, 이 예언의 말씀에 주의를 기울이는 것이 좋습니다. 20 여러분이 무엇보다도 먼저 알아야 할 것은 이것입니다. 아무도 성경의 모든 예언을 제멋대로 해석해서는 안 됩니다. 21 예언은 언제든지 사람의 뜻에서 나온 것이 아니라, 사람들이 성령에 이끌려서 하나님께로부터 오는 말씀을 받아서 한 것입니다.

확실한 예언의 말씀(19절)이란 무엇인가요? 저자 베드로(베드로 저작을 인정하지 않는다면 '내포저자'라 해도 좋겠습니다)는 지금 예수 그리스도의 영광을 목격한 사람으로서 이야기합니다. 소위 '변화산 사건'이라 불리는 이야기입니다(마 17:1-5; 막 9:2-7; 눅 9:28-35). 예수님의 능력과 그분의 다시 오심에 관한 자신의 이야기가 결코 '교묘하게 꾸민 신화'가 아니라는 뜻입니다. 여기에 더해 그는 '어둠 속에서 비치는 등불처럼' 복음의 진실성을 보여주는 '더 확실한 예언'을 언급합니다. 자기가 눈으로 봤던 그 영광의 계시보다 더 확실하다는 뜻입니다. 그리고 더 확실한 그 예언은 바로 성경, 지금 우리에게는 구약성경입니다. 이 말씀을 잘 탐구하면 '마음속에서 날이 새고 샛별이 솟아오르는' 것처럼 분명한 확신에 이를 것입니다. 물론 마음대로가 아니라, 올바른 원칙을 따라 해석했을 때의 이야기입니다.

{ 제2장 }

거짓 예언자들과 거짓 교사들(유 4-13)

1 전에 이스라엘 백성 가운데 거짓 예언자들이 일어난 것과 같이, 여러분 가운데도 거짓 교사들이 나타날 것입니다. 그들은 파멸로 몰고 갈 이단을 몰래 끌어들일 것입니다. 그래서 그들은 자기들을 값 주고 사신 주님을 부인하고, 자기들이 받을 파멸을 재촉할 것입니다. 2 많은 사람이 그들을 본받아서 방탕하게 될 것이니, 그들 때문에 진리의 길이 비방을 받게 될 것입니다. 3 또 그들은 탐욕에 빠져 그럴듯한 말로 여러분의 호주머니를 털어갈 것입니다. 하나님께서는 이미 오래전에 그들에게 내리실 심판을 정해놓으셨습니다. 파멸이 반드시 그들에게 닥치고 말 것입니다.

4 ○ 하나님께서는 죄를 지은 천사들을 아끼지 않으시고, 지옥에 던져서, 사슬로 묶어, 심판 때까지 어두움 속에 있게 하셨습니다. 5 그는 또 옛 세계를 아까워하지 않으시고, 경건하지 않은 자들의 세계를 홍수로 덮으셨습니다. 그때에 그는 정

거짓 교사들에게 심판과 파멸이 예정되어 있다고 단언합니다. 지금도 기독교 안에서는 자신들과 다른 주장을 했다는 이유로 일방적인 판단과 비난을 일삼는 일이 벌어집니다. 참과 거짓은 사람이 정할 수 있나요? 서로의 판단이 충돌할 때 필요한 태도는 "사람은 판단할 수 없다"고 유보하는 것이 아니라, 올바른 판단의 기준을 확립하는 것입니다. 거짓 교사들이 거짓인 까닭은 진리를 위한 헌신이 아닌, 자기 욕망과 이익을 위해 움직이기 때문입니다. 그럴듯하게 말하고 또 그렇게 보이도록 쇼를 하지만, 실제로는 주님을 부인하는 행보를 취하며, '방탕'한 행태로 '진리의 길'이 욕을 먹게 만듭니다. 탐욕에 사로잡혀 신자들의 호주머니를 털기에 바쁩니

의를 부르짖던 사람인 노아와 그 가족 일곱 사람만을 살려주
셨습니다. 6 그리고 소돔과 고모라 두 성을 잿더미로 만들어
[멸망시키셔서,] 후세에 경건하지 않은 자들에게 본보기로 삼
으셨습니다. 7 그러나 무법한 자들의 방탕한 행동 때문에 괴
로움을 겪던 의로운 사람 롯은 구하여내셨습니다. 8 그 의인
은 그들 가운데서 살면서, 보고 듣는 그들의 불의한 행실 때문
에 날마다 그의 의로운 영혼에 고통을 느끼고 있었던 것입니
다. 9 주님은 경건한 사람을 시련에서 건져내시고, 불의한 사
람을 벌하셔서, 심판 날까지 가두어두실 줄을 아십니다. 10 특
히 더러운 정욕에 빠져서 육체를 따라 사는 자들과, 권위를 멸
시하는 자들을 그렇게 하실 것입니다.

○ 그들은 대담하고 거만해서, 겁도 없이 하늘에 있는 영광스
러운 존재들을 모욕합니다. 11 천사들은 그들보다 더 큰 힘과
능력을 가지고 있으면서도, 주님 앞에서 그들을 비방하는 고
발을 하지 아니합니다. 12 그러나 그들은 본래 잡혀서 죽을 목
적으로 태어난 지각없는 짐승들과 같아서, 알지도 못하는 일
들을 비방합니다. 그러다가 그들은 짐승들이 멸망하는 것같
이 멸망을 당할 것입니다. 13 그들은 자기들이 저지른 불의의

다. 일관성이나 진실함이 없는 모습입니다. 이런 사람의 말이 진리일까요? 가령 동
성애를 정죄한다 합시다. 진리를 위한 열정이라면 다른 성범죄도 단호히 정죄할 것
입니다. 그런데 동성애는 반대 집회까지 하면서 유명 목사들의 성범죄는 덮습니다.
이는 편리한 정치적 선택일 뿐, 진리 수호는 아닐 것입니다. 알게 모르게 만연한 목
사 성범죄를 규탄하는 집회는 왜 없을까요?

값으로 해를 당합니다. 그들은 대낮에 흥청대면서 먹고 마시는 것을 낙으로 생각합니다. 그들은 티와 흠투성이 인간들입니다. 그들은 여러분과 연회를 즐길 때에도, 자기들의 속임수를 꾀하고 있습니다. 14 그들의 눈에는 간음할 상대자들밖에 보이지 않습니다. 그들은 죄를 짓기를 그치지 않습니다. 그들은 들뜬 영혼들을 유혹하며, 그들의 마음은 탐욕을 채우는 데에 익숙합니다. 그들은 저주받은 자식들입니다. 15 그들은 바른길을 버리고, 그릇된 길로 갔습니다. 불의의 삶을 사랑한 불의의 아들 발람의 길을 따라간 것입니다. 16 그러나 발람은 자기의 범죄에 대하여 책망을 들었습니다. 말 못 하는 나귀가 사람의 소리로 말하여 이 예언자의 미친 행동을 막은 것입니다. 17 ○ 이 사람들은 물 없는 샘이요, 폭풍에 밀려가는 안개입니다. 그들에게는 캄캄한 어둠이 마련되어 있습니다. 18 그들은 허무맹랑하게 큰소리를 칩니다. 그들은 그릇된 생활을 하는 자들에게서 가까스로 빠져나온 사람들을 육체의 방종한 정욕으로 유혹합니다. 19 그들은 사람들에게 자유를 약속하지

심판과 파멸을 당한 불의한 사례로 소돔과 고모라가, 그 반대편의 경건한 사례로 노아와 가족들, 롯이 등장합니다. 이 기준은 오늘날에도 유효한가요? 하나님께서 (홍수 이전의) '옛 세계'에 홍수를 내리신 까닭은 '경건하지 않은 자들의 세계'였기 때문입니다. 반면 '정의를 부르짖던' 노아와 그 가족은 보존하셨습니다. 소돔과 고모라가 잿더미가 된 이야기 역시 잘 알려진 '시범 사례'입니다. 이는 후대에 경건하게 살지 않는 사람들의 운명을 미리 보여주는 '본'입니다. 이들은 무법자이며 방탕을 일삼는 사람들입니다. 이런 사람들과 동시대를 함께 살았던 '의로운' 롯은 그들의 무법자 같은 행실로 인해 '의로운 마음'에 상처를 입었습니다. 이러한 사례들은 한마디로 의로운 자는 건지시고, 경건하지 않은 자는 심판하신다는 뜻입니다. 참고로 본문은 소돔과 고모라 사건을 동성애와 연결하지 않습니다. (노아 시대와 같은) 경건하지 않음, 그리고 보편적 기준에서의 도덕적 타락을 지적할 뿐입니다.

만, 자기들은 타락한 종이 되어 있습니다. 누구든지 진 사람은 이긴 사람의 종노릇을 하게 되는 것입니다. 20 사람들이 [우리의] 주님이시며 구주이신 예수 그리스도를 앎으로 세상의 더러운 것들에서 벗어났다가, 다시 거기에 말려들어서 정복을 당하면, 그런 사람들의 형편은 마지막에 더 나빠질 것입니다. 21 그들이 의의 길을 알고서도 자기들이 받은 거룩한 계명을 저버린다면, 차라리 그 길을 알지 못했던 편이 더 좋았을 것입니다. 22 다음과 같은 속담이 그들에게 사실로 들어맞았습니다. "개는 자기가 토한 것을 도로 먹는다." 그리고 "돼지는 몸을 씻고 나서, 다시 진창에 뒹군다."

'불의의 삯을 사랑한 불의의 아들 발람'(15절)과 말 못 하는 나귀 이야기는 어떤 이야기인가요? 이스라엘이 이집트에서 가나안으로 가는 중 모압과 대치할 때, 모압 왕은 예언자 발람에게 이스라엘을 저주해달라 요청했습니다. 그러나 하나님께서는 발람에게 가지 말라고 하셨습니다. 왕은 다시 사람을 보내 더 많은 보답을 약속했습니다. 발람은 하나님의 허락 아닌 허락하에 길을 나서지만, 칼은 든 하나님의 사자(혹은 천사)가 길을 막아섭니다. 나귀가 그를 알아보고 움직이지 않자, 발람이 나귀를 때립니다. 이때 나귀의 입이 열려 발람을 나무라고, 그제야 발람은 하나님의 사자를 알아봅니다. 결과적으로 그는 왕의 뜻과 달리 하나님의 말씀대로 이스라엘을 축복하게 됩니다. 이 본문에서는 이러한 사실보다 그가 왕의 큰 보상 약속, 곧 '불의의 삯을 사랑한' 사실을 강조하며 그를 반면교사로 삼습니다(13, 15절).

{ 제3장 }

재림의 약속

1 사랑하는 여러분, 나는 여러분에게 이 두 번째 편지를 쓰고 있습니다. 두 편지로 나는 여러분의 기억을 되살려서, 여러분의 순수한 마음을 일깨우려고 합니다. 2 그렇게 해서, 거룩한 예언자들이 이미 예언한 말씀과, 주님이신 구주께서 여러분의 사도들을 시켜서 주신 계명을, 여러분의 기억 속에 되살리려는 것입니다. 3 여러분이 무엇보다 먼저 알아야 할 것은 이것입니다. 마지막 때에 조롱하는 자들이 나타나서, 자기들의 욕망대로 살면서, 여러분을 조롱하여 4 이렇게 말할 것입니다. "그리스도가 다시 오신다는 약속은 어디 갔느냐? 조상들이 잠든 이래로, 만물은 창조 때부터 그러하였듯이 그냥 그대로다." 5 그들이 이렇게 말하는 것은, 하나님의 말씀으로 하늘이 오랜 옛날부터 있었고, 땅이 물에서 나와 물로 말미암아 형성되었다는 것과, 6 또 물로 그때 세계가 홍수에 잠겨 망하여버렸다는 사실을, 그들이 일부러 무시하기 때문입니다. 7 그러나 지

거룩한 예언자들이 이미 예언한 말씀이나 구주께서 여러분의 사도들을 시켜서 주신 계명(2절)은 무엇을 말하는 건가요? 거룩한 예언자들은 구약성경을 기록한 사람들입니다. 당시 사람들은 성경 전부가 그리스도와 새 언약을 '예언'한 것으로 생각했기에, 넓은 의미에서 성경의 저자들은 모두 예언자라 할 수 있습니다. 구주, 곧 예수 그리스도께서 사도들을 통해 주신 계명은 4개의 복음서(마태복음서, 마가복음서, 누가복음서, 요한복음서)에 보존된 것과 같은 가르침을 말합니다. 복음서에 기록되지 않은 이야기나 교훈도 많았을 것입니다. 히브리서 식으로 말하자면, 하나님께서 예전 예언자들을 통해 하신 말씀과 새 언약의 중개자인 하나님의 아들 예수

금 있는 하늘과 땅도 불사르기 위하여 그 동일한 말씀으로 보존되고 있으며, 경건하지 못한 자들이 심판을 받아 멸망을 당할 날까지 유지됩니다.

8 ○ 사랑하는 여러분, 이 한 가지만은 잊지 마십시오. 주님께는 하루가 천 년 같고, 천 년이 하루 같습니다. 9 어떤 이들이 생각하는 것과 같이, 주님께서는 약속을 더디 지키시는 것이 아닙니다. 도리어 여러분을 위하여 오래 참으시는 것입니다. 하나님께서는 아무도 멸망하지 않고, 모두 회개하는 데에 이르기를 바라십니다. 10 그러나 주님의 날은 도둑같이 올 것입니다. 그날에 하늘은 요란한 소리를 내면서 사라지고, 원소들은 불에 녹아버리고, 땅과 그 안에 있는 모든 일은 드러날 것입니다. 11 이렇게 모든 것이 녹아버릴 터인데, [여러분은] 어떠한 사람이 되어야 하겠습니까? 여러분은 거룩한 행실과 경건한 삶 속에서 12 하나님의 날이 오기를 기다리고, 그날을 앞당기도록 하여야 하지 않겠습니까? 그날에 하늘은 불타서 없어지고, 원소들은 타서 녹아버릴 것입니다. 13 그러나 우리는 주님의 약속을 따라 정의가 깃들여 있는 새 하늘과 새 땅을 기다리고 있습니다.

그리스도를 통해 하신 말씀을 모두 아우른 것입니다. 우리 입장에서는 구약성경과 신약성경이라 할 수 있습니다. 교회는 둘 다를 한 분 하나님께서 하신 말씀으로 받아들였습니다. 특히 예수 그리스도를 통해 주신 계시의 빛으로 이전의 말씀을 새롭게 읽으면서 예수님의 의미를 더 깊이 이해하려고 애를 썼습니다.

14 ○ 사랑하는 여러분, 여러분이 이것을 기다리고 있으니, 티도 없고 흠도 없는 사람으로, 아무 탈이 없이 하나님 앞에 나타날 수 있도록 힘쓰십시오. 15 그리고 우리 주님의 오래 참으심이 구원을 위한 것이라고 생각하십시오. 그것은 우리의 사랑하는 형제 바울이, 자기가 받은 지혜를 따라서 여러분에게 편지한 바와 같습니다. 16 바울은 모든 편지에서 이런 것을 두고 말하고 있는데, 그 가운데는 알기 어려운 것이 더러 있어서, 무식하거나 믿음이 굳세지 못한 사람은, 다른 성경을 잘못 해석하듯이 그것을 잘못 해석해서, 마침내 스스로 파멸에 이르고 말 것입니다. 17 그러므로 사랑하는 여러분, 여러분은 이 사실을 미리 알고, 불의한 자들의 유혹에 휩쓸려서 자기의 확신을 잃는 일이 없도록 주의하십시오. 18 우리의 주님이시며 구주이신 그리스도 예수에 대한 지식과 그의 은혜 안에서 자라십시오. 이제도 영원한 날까지도 영광이 주님께 있기를 빕니다. [아멘.]

예수님이 이 땅에 온 지 2천 년이 지났습니다. 정의가 깃들어 있는 새 하늘과 새 땅이 시작되는 그날은 과연 오기는 오는 걸까요? 첫 신자들은 예수님의 임박한 재림을 기대한 것 같습니다. 그래서 많은 이들은 이 '재림의 지연'이 초대교회 신자들의 사고나 관행의 변화에 큰 영향을 미쳤다고 생각합니다. 한동안 이 땅에서 살아야 하므로 체계적인 윤리나 안정적인 교회 구조가 생겨났다는 것입니다. 하지만 막상 신약성경에서는 재림의 지연에 당황한 흔적을 찾기 어렵습니다. 재림의 시기에 대한 생각이 자연스럽게 달라졌을 것입니다. 과학 문명의 발달은 '재림'과 같은 묵시적 언어를 어렵게 만듭니다. 범지구적인 기후 변화나 광범위한 환경오염 등도 생각을 복잡하게 만듭니다. 그러나 예수님의 재림이라는 묵시적 사건이 실제 어떤 모습으로 현실이 되든, 우리의 삶과 역사에 끝이 있다는 사실, 그리고 그리스도를 통해 심판이 이루어지고 새로운 세계와 삶이 구현될 것이라는 사실은 달라질 이유가 없습니다.

당신의 나라가
이 땅에 임하여 확장되길 기도합니다.
모든 죄인과 눈먼 자들,
마귀의 나라에 사로잡혀 사는 모든 이들이
당신의 아들 예수 그리스도가 주시는
바른 믿음과 깨달음을 얻게 하소서.
그리하여 이 땅에
그리스도인들이 점점 많아지게 하소서.
성령을 우리에게 주시어
강하거나 약하거나, 살거나 죽거나,
선하거나 악한 일을 당할 때,
오직 그분의 뜻을 붙잡고 견뎌내며,
항상 우리의 뜻을 꺾어
우리 자신을 당신께 드릴 수 있게 하소서.
_ 마르틴 루터

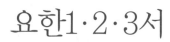

요한1·2·3서

1, 2, 3 John

그리스도 안에서,
생명의 말씀 안에서,
서로 사랑하라

하나님과 그분의 아들 예수 그리스도와의 사귐은
사람의 몸으로 오신 생명의 말씀을 통해 이루어집니다.
그리스도를 직접 알았던 저자는 자신이 몸소 경험하고 배운 가르침을
후대의 신자들에게 전달합니다. 그리고 바로 이 생명의 말씀을 통해서만
진정한 사귐이 가능하다고 역설합니다. 이 사귐은 사랑의 깨달음입니다.
하나님께서 사랑이시기 때문입니다. 여기서 사랑의 윤리는
하나의 도덕적 덕목을 넘어, 하나님과 아들 안에서 진정한 사귐을
가능하게 하는 삶의 기초로 제시됩니다.

요한1·2·3서는 요한서신으로 분류됩니다. 요한1서는 편지 형식이 아니지만, '써 보낸다'는 동사가 자주 사용되고(1:4; 2:1, 7-8절, 12-14절, 21절, 26절), 친밀한 호칭으로 독자들을 부르는 모습을 통해 이 글이 편지로 기록되었음을 분명히 보여줍니다. 또한 뒤따라 나오는 두 짧은 '편지'와 언어적으로 매우 유사합니다. 그래서 이 셋 모두 같은 저자의 '편지'로 받아들여졌습니다.

저자의 이름이 없음에도 불구하고 '요한'서신으로 분류된 것은 이 편지들, 특히 요한1서의 언어와 사상이 신약성경 요한복음서와 매우 유사하다는 사실에서 연유합니다. 특히 글의 시작 부분은 요한복음서의 서두(1:1-18)와 매우 비슷합니다. 서로 사랑하라는 권고의 반복은 요한복음서 고별 강화의 가르침을 그대로 반영합니다. 사도 요한의 저작으로 인정되었던 요한복음서와의 긴밀한 연관성은 이 세 편지가 신약성경에 포함되는 결정적 근거가 되었습니다.

공동체를 향한 핵심 메시지, 서로 사랑하라

요한1서는 요한복음서 이후의 저술로 보입니다. 빛과 어둠의 이미지가 그리스도가 아닌 하나님께 적용되고, 심판 개념이 영생과 연결되지 않아서, 요한복음서보다 더 이른 시기로 보기도 합니다. 그러나 서신의 상황은 복음서 저술 이후의 시기를 반영하는 것 같습니다. 이 편지의 핵심 문제는 공동체의 분열 혹은 일부 신자들의 공동체 탈퇴, 그리고 이들이 신자들에게 미치는 위험한 영향입니다(2:18-19). 이들은 예수님께서 육체로 오셨음을 부정했으며(1:1-4; 4:1-3), 확실하진 않지만 어쩌면 예수님의 죽음이 갖는 속죄의 효과마저도 부정한 것으로 보입니다(5:6). 이런 사람들은 거짓 선지자이며 '적그리스도'입니다. 저자는 사도적 가르침을 계승하는 사람으로서 자신이 전한 복음의 진실성과 권위를 강조하면서, 이런 위험한 가르침에 경도되지 말라고 경고합니다.

이런 맥락에서 "서로 사랑하라"는 훈계가 편지 전체에 이어집니다. 적그리스도가 야기하는 위험에 흔들리지 말고, 빛이신 하나님을 따라 빛에 거하는 삶을 지속하며, 서로 사랑하는 가운데 공동체의 유대를 긴밀하게 이어가자고 권고합니다. 이 '사랑'의 사귐(코이노니아)이 요한1서의 핵심 주제 중 하나입니다. 하나님과 그분의 아들 예수 그리스도와의 사귐은 사람의 몸으로 오신 생명의 말씀을 통해 이루어집니다. 그리스도를 직접 알았던 저자는 자신이 몸소 경험하고 배운 가르침을 후대의 신자들에게 전달합니다. 그리고 바로 이 생명의 말씀을 통해서만 진정한 사귐이 가능하다고 역설합니다. 이 사귐은 사랑의 깨달음입니다. 하나님께서 사랑이시기 때문입니다. 여기서 사랑의 윤리는 하나의 도덕적 덕목을 넘어, 하나님과 아들 안에서 진정한 사귐을 가능하게 하는 삶의 기초로 제시됩니다.

신학적 문제와 현실 상황까지 다루는 편지

요한2·3서는 모두 '장로'의 이름으로 작성되었습니다. 교회
는 일찍부터 이 '장로'가 요한복음서의 저자이며 세베대의 아
들인 사도 요한이라 여겼습니다. 물론 파피아스 같은 교부는
둘이 서로 다른 사람이라고 생각했으며, 현대 학자들도 상당
수가 그렇게 생각합니다. 요한1서에 나온 분파주의자들이 여
기도 언급되는 것으로 보아 거의 비슷한 시기에 작성된 편지
일 것입니다. 서로 간의 사랑을 강조했던 사람이 강력한 언어
로 '분리'를 권고하는 것으로 볼 때, 분파주의자들의 위험이
매우 실질적이었던 것으로 추측됩니다.

요한3서는 요한2서와 결말 부분이 유사해 같은 저자의 편지
임이 분명해 보입니다. 한 명의 개인 혹은 한 교회의 지도자
들에게 보낸 편지입니다. 여기에는 요한1·2서에 등장한 적
그리스도 같은 교리나 도덕 면에서 잘못된 가르침이 거론되
진 않습니다. 이 편지는 공동체 사이의 환대 문제, 그리고 사
도의 가르침을 무시하고 공동체의 주인처럼 군림하면서 정
당한 환대를 베풀지 않는 사람의 문제를 거론합니다. '손대
접'(hospitality)은 당시 교회에서 매우 실질적인 사안이었습
니다. 거대한 문제뿐 아니라, 매우 현실적인 상황을 다루는
편지도 신약성경에 포함되었다는 사실이 흥미롭습니다.

{ 제1장 }

생명의 말씀

1 이 글은 생명의 말씀에 관한 것입니다. 이 생명의 말씀은 태초부터 계신 것이요, 우리가 들은 것이요, 우리가 눈으로 본 것이요, 우리가 지켜본 것이요, 우리가 손으로 만져본 것입니다. 2 ―이 생명이 나타나셨습니다. 우리는 그것을 보았습니다. 그래서 우리는 이 영원한 생명을 여러분에게 증언하고 선포합니다. 이 영원한 생명은 아버지와 함께 계셨는데, 우리에게 나타나셨습니다.― 3 우리가 보고 들은 바를 여러분에게도 선포합니다. 우리는 여러분도 우리와 서로 사귐을 가지기를 바라는 것입니다. 우리의 사귐은 아버지와 또 그의 아들 예수 그리스도와 함께하는 사귐입니다. 4 우리가 이 글을 쓰는 것은 우리 서로의 기쁨이 차고 넘치게 하려는 것입니다.

저자가 생명의 말씀이 태초부터 계신 것(1절)이라고 말하는 이유는 무엇인가요? '태초부터 계신'이란 표현은 문자적으로 '처음부터 있었던'인데, 이 편지에서만 8회, 요한2서에서는 2회 나타납니다. 무엇의 시작인지 수식어 없어 의미가 확실치는 않습니다. 저자는 예수 그리스도를 '생명의 말씀'이라 표현합니다. 이는 예수님을 생명을 품은 '말씀'이자 창조의 동반자로 묘사하는 요한복음서 첫머리의 '태초에'와 연결됩니다. 그런 점에서 같은 표현으로 시작하는 구약성경 창세기의 시작과도 연결됩니다. 곧 창조의 동반자이신 말씀, 사람에게 생명을 가져다주는 말씀이신 예수님을 직접 들었고, 봤고, 만졌다는 이야기입니다. 문체나 사상이 겹친다는 점을 생각하면, 이렇게 요한복음서와 이어서 이해하는 것이 제일 무난해 보입니다. 이 부분은 예수 그리스도를 직접 경험했던 열두 사도와 같은 목격자('우리')가 후대의 신자들('여러분')에게 복음을 '전하는'(3절) 장면입니다.

하나님은 빛이시다

5 ○ 우리가 그리스도에게서 들어서 여러분에게 전하는 소식은 이것이니, 곧 하나님은 빛이시요, 하나님 안에는 어둠이 전혀 없다는 것입니다. 6 우리가 하나님과 사귀고 있다고 말하면서, 그대로 어둠 속에서 살아가면, 우리는 거짓말을 하는 것이요, 진리를 행하지 않는 것입니다. 7 그러나 하나님께서 빛 가운데 계신 것과 같이, 우리가 빛 가운데 살아가면, 우리는 서로 사귐을 가지게 되고, 하나님의 아들 예수의 피가 우리를 모든 죄에서 깨끗하게 해주십니다. 8 우리가 죄가 없다고 말하면, 우리는 자기를 속이는 것이요, 진리가 우리 속에 없는 것입니다. 9 우리가 우리 죄를 자백하면, 하나님은 신실하시고 의로우신 분이셔서, 우리 죄를 용서하시고, 모든 불의에서 우리를 깨끗하게 해주실 것입니다. 10 우리가 죄를 지은 일이 없다고 말하면, 우리는 하나님을 거짓말쟁이로 만드는 것이며, 하나님의 말씀이 우리 속에 있지 아니합니다.

하나님과 사귀고 있다(6절)는 표현이 듣기 거북합니다. 저자가 의도하는 뜻이 궁금합니다. '사귐'의 원어인 '코이노니아'는 친밀한 관계를 의미합니다. 정서적 친밀함뿐 아니라 공통의 관심사나 목적을 내포하기도 합니다. 그래서 이 단어는 어려운 사람을 돕는 '구제', 가진 것을 함께 나누는 물질적 '나눔'을 의미할 때도 있습니다. 베드로전·후서가 구원의 부르심을 하나님과의 언약 관계로 묘사한다면, 여기서는 하나님과의 사귐, 그분과의 '코이노니아'로 묘사합니다. 하나님은 빛이십니다. 우리가 이처럼 빛 속에 계신 하나님과 참된 '코이노니아'를 이루면, 우리 또한 빛 속에서 살아가려고 할 것입니다. 하나님의 성품과 의도를 공유하려고 할 것이기 때문입니다. 물론 현실 속에서 우리는 이 점을 망각하곤 합니다. 그래서 저자는 구원의 부르심이 하나님과의 '코이노니아'라는 사실을 부각하며, 그에 어울리는 삶을 살라고 독려합니다.

{ 제2장 }

그리스도는 우리의 중보자

1 나의 자녀 여러분, 내가 여러분에게 이렇게 쓰는 것은, 여러분으로 하여금 죄를 짓지 않도록 하려는 것입니다. 누가 죄를 짓더라도, 아버지 앞에서 변호해주시는 분이 우리에게 계시는데, 곧 의로우신 예수 그리스도이십니다. 2 그는 우리 죄를 위한 화목제물이시니, 우리 죄만 위한 것이 아니라 온 세상을 위한 것입니다. 3 우리가 하나님의 계명을 지키면, 이것으로 우리가 하나님을 참으로 알고 있음을 알게 됩니다. 4 하나님을 알고 있다고 하면서, 하나님의 계명을 지키지 아니하는 사람은 거짓말쟁이요, 그 사람 속에는 진리가 없습니다. 5 그러나 누구든지 하나님의 말씀을 지키면, 그 사람 속에서는 하나님께 대한 사랑이 참으로 완성됩니다. 이것으로 우리가 하나님 안에 있음을 압니다. 6 하나님 안에 있다고 하는 사람은 자기도 그

예수 그리스도가 우리 죄와 온 세상을 위한 화목제물이라고 합니다(2절). 화목제물이란 무엇인가요? 2장 2절과 4장 10절에 2번 나오는 단어를 번역한 것입니다. 구약의 제사 가운데 희생 제사를 통해 죄인의 죄책을 없애주는 절차, 곧 속죄의 절차를 가리킵니다. 구약의 제사 중 하나인 '화목제'와는 구별됩니다. 죄로 어긋났던 관계를 다시 회복(화해, 화목)하게 만드는 계기라는 점에서 '화목제물'로 번역했습니다. 우리 위해 대신 죽임당하신 예수님께서 우리의 죄를 대속하시고 우리를 하나님과 다시 화목하게 하시는 제물이라는 생각을 담은 번역입니다. 우리가 죄를 지으면, 그리스도는 우리의 '대언자'(변호사)이자 우리의 '화목제물'이 됩니다. 그러니 그분을 의지해 죄를 해결하고, 다시 하나님과 올바른 관계를 회복하라는 요구입니다. 우리는 스스로의 죄를 인정함으로써 용서와 화해에 이르고, 죄를 짓지 않는 삶을 회복할 수 있습니다.

리스도께서 사신 것과 같이 마땅히 그렇게 살아가야 합니다.

새 계명

7 ○ 사랑하는 여러분, 내가 여러분에게 써 보내는 것은, 새 계명이 아니라, 여러분이 처음부터 가진 옛 계명입니다. 그 옛 계명은 여러분이 들은 그 말씀입니다. 8 나는 다시 여러분에게 새 계명을 써 보냅니다. 이 새 계명은 하나님께도 참되고 여러분에게도 참됩니다. 어둠이 지나가고, 참 빛이 벌써 비치고 있기 때문입니다. 9 빛 가운데 있다고 말하면서 자기 형제자매를 미워하는 사람은 아직도 어둠 속에 있습니다. 10 자기 형제자매를 사랑하는 사람은 빛 가운데 머물러 있으니, 그 사람 앞에는 올무가 없습니다. 11 자기 형제자매를 미워하는 사람은 어둠 속에 있고, 어둠 속을 걷고 있으니, 자기가 어디로 가는지를 알지 못합니다. 어둠이 그의 눈을 가렸기 때문입니다. 12 자녀 된 이 여러분, 내가 여러분에게 이 글을 쓰는 까닭

옛 계명과 새 계명이 나옵니다. 새 계명이 나왔으면 옛 계명은 폐기되는 것인가요? 하나님을 향한 사랑과 순종 이야기(3–6절)는 7절에서부터 '형제자매를 향한 사랑'으로 넘어갑니다. 하나님과 같이 빛 속에 있다면 그분의 계명을 지킬 것입니다. 그 계명의 핵심은 하나님 사랑과 이웃 사랑입니다. 십계명과 마찬가지로 구약성경에서도 하나님 사랑과 이웃 사랑은 서로 연결됩니다(레 19:18). 예수님께서도 율법을 하나님 사랑과 이웃 사랑으로 요약하십니다(마 22:37–40). 저자는 이 계명을 새롭게 전해줍니다. 생명의 말씀이며 빛이신 그리스도께서 이미 오셨고, 이제 신자들은 그분 안에 존재합니다. 그래서 '새로운 계명'이 됩니다. 하지만 이는 또한 '처음부터 가졌던 옛 계명'입니다. 가까이는 예수님께로, 멀리는 구약성경까지 올라가는 하나님의 일관된 계명입니다. 옛 계명을 그리스도라는 삶의 토대 위에서 새로운 계명으로 받아 순종하는 것입니다.

은, 그의 이름으로 여러분의 죄가 용서함을 받았기 때문입니다. 13 아버지 된 이 여러분, 내가 여러분에게 이 글을 쓰는 까닭은, 여러분이 태초부터 계신 분을 알고 있기 때문입니다. 젊은이 여러분, 내가 여러분에게 이 글을 쓰는 까닭은, 여러분이 이미 악한 자를 이겼기 때문입니다. 14 어린이 여러분, 내가 여러분에게 이 글을 쓰는 까닭은, 여러분이 이미 하늘 아버지를 알고 있기 때문입니다. 아버지 된 이 여러분, 내가 여러분에게 이 글을 쓰는 까닭은, 여러분이 태초부터 계신 분을 알고 있기 때문입니다. 젊은이 여러분, 내가 여러분에게 이 글을 쓰는 까닭은, 여러분이 강하고 하나님의 말씀이 여러분 속에 있어서, 여러분이 그 악한 자를 이겼기 때문입니다.

15 ○ 여러분은 세상이나 세상에 있는 것들을 사랑하지 마십시오. 누가 세상을 사랑하면, 그 사람 속에는 하늘 아버지에 대한 사랑이 없습니다. 16 세상에 있는 모든 것, 곧 육체의 욕망과 눈의 욕망과 세상 살림에 대한 자랑은 모두 하늘 아버지

나의 자녀 여러분, 자녀 된 이 여러분, 젊은이 여러분, 어린이 여러분 등등 편지를 읽는 대상에 관한 표현이 계속 달라집니다. 대상마다 당부하고 싶은 내용이 달랐던 건가요? 12–14절은 이 편지에서 수사적으로 가장 구조화된 단락입니다. 세 그룹으로 구분된 이야기가 2번 반복됩니다(12–13, 14절). 또 이전의 일반적 어조와 달리, 보다 구체적이고 직설적인 화법을 구사하며 독자들에게 든든한 확신을 줍니다. 이 부분은 명령이나 당부라기보다는, 15절 이후의 진지한 명령으로 넘어가기 위한 준비에 해당합니다. 먼저 그리스도 안에서 그들의 정체성에 대한 분명한 확신이 있어야 그에 맞게 살 것이기 때문입니다. 그래서 신앙의 여러 단계에 있는 신자들을 향해 말을 겁니다. 구체적인 표현은 약간씩 달라지지만, 핵심 의도는 같습니다. 그들은 하나님의 용서를 받았으며, 하나님과 아들을 알고, 말씀 안에서 살아갑니다. 또 빛에 머물며 악을 이긴 사람들입니다. 그리스도 안에서 그들이 이런 존재임을 확신하고 그에 맞는 삶을 이어가자는 부탁입니다.

에게서 온 것이 아니라, 세상에서 온 것이기 때문입니다. 17 이 세상도 사라지고, 이 세상의 욕망도 사라지지만, 하나님의 뜻을 행하는 사람은 영원히 남습니다.

그리스도의 적대자

18 ○ 어린이 여러분, 지금은 마지막 때입니다. 여러분이 그리스도의 적대자가 올 것이라는 말을 들은 것과 같이, 지금 그리스도의 적대자가 많이 생겼습니다. 그래서 우리는 지금이 마지막 때임을 압니다. 19 그들이 우리에게서 갔지만, 그들은 우리에게 속한 자들이 아니었습니다. 그들이 우리에게 속한 자들이었더라면, 그들은 우리와 함께 그대로 남아 있었을 것입니다. 그러나 결국에는 그들은 모두 우리에게 속한 자들이 아니라는 사실이 드러나게 되었습니다. 20 여러분은 거룩하신 분에게서 기름 부으심을 받아, 모든 것을 알고 있습니

하나님과 예수 그리스도를 부인하는 사람을 그리스도의 적대자로 규정하고 설명을 이어갑니다. 그들은 교회 안에서 문제를 일으킨 사람들이었나요? 공동체의 일원이었다가 무슨 이유에서인지 공동체를 떠나간 사람들이 있었습니다. 저자 요한은 이들이 특이하지만 타당한 신학적 견해를 가진 것이 아니라, 아예 신앙의 선을 넘었다고 말합니다. 나사렛 예수님이 바로 하나님께서 보내신 메시아, 곧 그리스도라는 사실을 부인하기 때문입니다. 이들은 '적그리스도'일 수밖에 없습니다. 결과적으로 아버지와 아들을 모두 부인하는 것이기 때문입니다. 이들은 그리스도께서 인간의 몸으로 오셨다는 사실을 부정했습니다(4:1-3). 우리가 볼 수 없는 하나님께서 사람의 몸으로 오셨는데, 이 성육신을 부인한다면 사실상 하나님을 알 수 있는 유일한 길을 부정하는 것입니다. 예수님의 '오심'은 단순히 그분의 등장을 넘어, 하나님께서 구원 행동을 시작하셨다는 뜻이기도 합니다. 이 예수님이 바로 하나님께서 보내신 하나님의 아들임을 인식하는 것이 구원의 열쇠입니다(요 17:3).

다. 21 여러분이 진리를 알지 못한다고 해서 여러분에게 내가 이렇게 써 보내는 것이 아닙니다. 오히려 여러분이 진리를 알고 있기 때문에, 그리고 또한 여러분이 거짓은 모두 진리에서 나오지 않는다는 것을 알고 있기 때문에 이렇게 써 보내는 것입니다. 22 누가 거짓말쟁이입니까? 예수가 그리스도이심을 부인하는 사람이 아니고 누구겠습니까? 아버지와 아들을 부인하는 사람이 곧 그리스도의 적대자입니다. 23 누구든지 아들을 부인하는 사람은, 아버지를 모시고 있지 않은 사람이요, 아들을 시인하는 사람은, 아버지를 또한 모시고 있는 사람입니다. 24 여러분이 처음부터 들은 것을 여러분 속에 간직하십시오. 여러분이 처음부터 들은 그것이 여러분 속에 있으면, 여러분도 아들과 아버지 안에 있게 될 것입니다. 25 이것은 그가 친히 우리에게 주신 약속인데, 곧 영원한 생명입니다.

26 ○ 나는 여러분을 미혹하는 자들에 관하여 이렇게 썼습니다. 27 여러분으로 말하자면, 그가 기름 부어주신 것이 여러분 속에 머물러 있으니, 여러분은 아무에게서도 가르침을 받

저자가 강조하는 '처음부터 들은 그것'(24절)은 무엇을 말하는 건가요? 원문에는 거짓을 퍼뜨리는 적그리스도들과 '여러분'이 강하게 대조됩니다. "처음부터 여러분이 들었던 것이 여러분 안에 머물게 하라"는 말인데, 그 진리에서 벗어난 적그리스도들처럼 되지 말라는 부탁입니다. 여기서 '처음부터 들은 것'은 그들이 사도들로부터 배운 복음의 가르침입니다. 하나님의 아들이 사람으로 오셨고, 그분이 바로 나사렛 예수라는 사실입니다. 그리스도께서 '육체'로 오셨음을 부정하는 이들의 배후에는 '육체'를 경시하는 영지주의나 가현설(하나님의 아들이 실제 사람이 되셨음을 부정하는 교리)이 있었다고 볼 수도 있습니다. 하지만 그보다는 예수 그리스도가 바로 하나님을 아는 결정적 열쇠임을 인정하지 않으려는 부류였을 것입니다. 그러나 저자는 독자들에게 예수님이 바로 하나님께 가는 진정한 길임을 잊지 말아야 한다고 강하게 호소합니다.

을 필요가 없습니다. 그가 기름 부어주신 것이 여러분에게 모든 것을 가르쳐줍니다. 그리고 그 가르침은 참이요, 거짓이 아닙니다. 여러분은 그 가르침대로 언제나 그리스도 안에 머물러 있으십시오.

하나님의 자녀

28 ○ 그러므로 자녀 된 이 여러분, 그리스도 안에 머물러 있으십시오. 그렇게 해야 그가 나타나실 때에 우리가 담대함을 가지게 될 것이며, 그가 오실 때에 그 앞에서 부끄러움을 당하지 않을 것입니다. 29 여러분이 하나님께서 의로우신 분임을 알면, 의를 행하는 사람은 누구나 다 하나님에게서 났음을 알 것입니다.

{ 제3장 }

1 아버지께서 우리에게 얼마나 큰 사랑을 베푸셨는지를 생각해 보십시오. 하나님께서 우리를 자기의 자녀라 일컬어주셨으니 우리는 하나님의 자녀입니다. 세상이 우리를 알지 못하는 까닭은 하나님을 알지 못하기 때문입니다. 2 사랑하는 여러분, 이제 우리는 하나님의 자녀입니다. 앞으로 우리가 어떻게 될지는 아직 밝혀지지 않았습니다만, 그리스도께서 나타나시면, 우리도 그와 같이 될 것임을 압니다. 그때에 우리가 그를 참모습대로 뵙게 될 것이기 때문입니다. 3 그에게 이런 소망을 두는 사람은 누구나, 그가 깨끗하신 것과 같이 자기를 깨끗하게 합니다.

4 ○ 죄를 짓는 사람마다 불법을 행하는 사람입니다. 죄는 곧 불법입니다. 5 여러분이 아는 대로, 그리스도께서는 죄를 없애려고 나타나셨습니다. 그리스도는 죄가 없는 분이십니다. 6 그러므로 그리스도 안에 머물러 있는 사람마다 죄를 짓지 않습니다. 죄를 짓는 사람마다 그를 보지도 못한 사람이고, 알지도

"앞으로 우리가 어떻게 될지는 아직 밝혀지지 않았다"(2절)라고 말한 저자의 의도는 무엇인가요? 요한복음서나 요한서신에서 구원은 무엇보다 '영생'입니다. 고통과 죽음으로 채색된 현재의 확장이 아니라 지금과는 전혀 다른 삶, 정말 '사는 것 같은' 삶을 살게 되리라는 희망입니다. 이런 희망에는 우리가 전혀 다른 존재가 될 것이라는 기대가 포함됩니다. 마지막 때의 변화와 죽은 자들의 부활은 모두 이런 희망을 담고 있습니다. 바울은 우리가 현재의 저급한 '지상적 몸'과 달리 나중에는 영광스러운 '영의 몸'을 갖게 될 것이라고 말합니다. 부활하신 예수님은 이미 그런 존재입니다. 예수님께서 다시 오실 때, 우리도 그런 존재가 될 것입니다. 물론 누구도 확실히 말할 수 없는 상상의 영역입니다. 하지만 예수님의 부활을 경험했던 사도들은 그 제한된 경험을 토대로 미래의 영광이 어떤 모습일지 상상할 수 있었을 것입니다. 구원의 희망을 되새김으로써, 순결한 삶을 잘 지켜가자는 의도를 담고 있습니다(3절).

못한 사람입니다. 7 자녀 된 이 여러분, 아무에게도 미혹을 당하지 마십시오. 의를 행하는 사람은 하나님이 의로우신 것과 같이 의롭습니다. 8 죄를 짓는 사람은 악마에게 속해 있습니다. 악마는 처음부터 죄를 짓는 자이기 때문입니다. 하나님의 아들이 나타나신 목적은 악마의 일을 멸하시려는 것입니다. 9 하나님에게서 난 사람은 누구나 죄를 짓지 않습니다. 하나님의 씨가 그 사람 속에 있기 때문입니다. 그는 죄를 지을 수 없습니다. 그가 하나님에게서 났기 때문입니다. 10 하나님의 자녀와 악마의 자녀가 여기에서 환히 드러납니다. 곧 의를 행하지 않는 사람과 자기 형제자매를 사랑하지 않는 사람은 누구나 하나님에게서 난 사람이 아닙니다.

서로 사랑하라

11 ○ 여러분이 처음부터 들은 소식은 이것이니, 곧 우리가 서로 사랑해야 한다는 것입니다. 12 우리는 가인과 같은 사람

하나님의 자녀와 악마의 자녀가 극명하게 대비됩니다. 이것은 죄를 짓는가의 여부에 따라 달라지는 건가요? 하나님은 빛이십니다. 그분을 알고 그분의 자녀가 된 사람 역시 하나님처럼 빛 안에 머무르려 할 것입니다. 곧 하나님의 자녀는 죄를 짓지 않습니다. 하지만 우리는 아직 죄의 욕망을 가진 존재이며, 그렇기 때문에 실제로 죄를 짓습니다. 오히려 죄 없다고 주장하는 것이 거짓이 됩니다(1:8). 다만 우리는 우리의 죄를 고백하고 하나님께 용서받습니다. 이렇게 해서 죄를 짓는 삶에서 벗어납니다. 하나님의 씨를 가진 존재로서(9절), 계속 죄에 머물 수는 없습니다. 그리스도께서 '마귀의 행위들'을 없애려 오셨기 때문입니다(8절). 반면 '마귀'처럼 계속 죄를 짓는 삶을 산다면, 이는 우리가 하나님의 자녀가 아닌 마귀의 자녀라는 것을 의미합니다. 어쩌다 잘못하는 것이 아니라, '죄'가 우리 삶의 지속적 패턴이 된다는 의미입니다.

이 되지 말아야 합니다. 그는 악한 자에게 속한 사람이어서 자기 동생을 쳐 죽였습니다. 무엇 때문에 그는 동생을 쳐 죽였습니까? 그가 한 일은 악했는데, 동생이 한 일은 의로웠기 때문입니다. 13 형제자매 여러분, 세상이 여러분을 미워해도 이상히 여기지 마십시오. 14 우리가 이미 죽음에서 생명으로 옮겨 갔다는 것을 우리는 압니다. 이것을 아는 것은 우리가 형제자매를 사랑하기 때문입니다. 사랑하지 않는 사람은 죽음에 머물러 있습니다. 15 자기 형제자매를 미워하는 사람은 누구나 살인하는 사람입니다. 살인하는 사람은 누구나 그 속에 영원한 생명이 머물러 있지 않다는 것을 여러분은 압니다. 16 그리스도께서 우리를 위하여 자기 목숨을 버리셨습니다. 이것으로 우리가 사랑을 알게 되었습니다. 그러므로 우리도 형제자매를 위하여 목숨을 버리는 것이 마땅합니다. 17 누구든지 세상 재물을 가지고 있으면서, 자기 형제자매의 궁핍함을 보고도, 마음 문을 닫고 도와주지 않으면, 어떻게 하나님의 사랑이 그 사

사랑하지 않는 사람은 죽음에 머물러 있고 자기 형제자매를 미워하는 사람은 살인하는 사람이라고 말합니다(14-15절). 기독교가 아무리 사랑의 종교라 해도 비약이 너무 심한 거 아닌가요? 요한1서의 사유는 '원론적'이라 매우 날카로운 이원론적 어조가 드러납니다. 그야말로 '모 아니면 도'와 같습니다. 이는 사태의 본질을 숙고하는 사람의 어조입니다. 가인은 자신의 행위는 악하고 동생의 행위는 선하다는 사실 때문에 동생을 미워했습니다. 바로 그 미움이 형제 살해라는 죄악의 원인이었습니다. 늘 그런 건 아니지만, 형제자매를 향한 미움이 그들을 해롭게 하고 심지어 그들을 살해하는 행동으로 이어질 수 있다는 것은 엄연한 사실입니다. 요한은 바로 이 연관성에 주목합니다. 실제 '살인자'라고 낙인찍는 것이 아니라, (끔찍한) 살인의 배후에 (끔찍해 보이지 않는) 미움이 놓여 있음을 보여줌으로써, 사랑 없는 태도의 파괴성을 보여주는 것입니다. (모방된 욕망이 경쟁과 폭력이 되고, 급기야 살인에 이른다는 르네 지라르의 통찰을 떠올리게 합니다.)

람 속에 머물겠습니까? 18 자녀 된 이 여러분, 우리는 말이나 혀로 사랑하지 말고, 행동과 진실함으로 사랑합시다.

하나님 앞에서 가지는 확신

19 ○ 이렇게 함으로써 우리는 우리가 진리에서 났음을 알게 될 것입니다. 또 우리는 하나님 앞에서 확신을 가지게 될 것입니다. 20 우리가 마음에 가책을 받는다 하더라도 우리는 그러한 확신을 가지게 될 것입니다. 하나님은 우리 마음보다 크신 분이시고, 또 모든 것을 알고 계시기 때문입니다. 21 사랑하는 여러분, 우리가 마음에 가책을 받지 않으면, 우리는 하나님 앞에서 담대함을 가지고 있는 것이요, 22 우리가 구하는 것은 무엇이든지 하나님에게서 받을 것입니다. 우리가 하나님의 계명을 지키고, 하나님께서 기뻐하시는 일을 하기 때문입니다. 23 하나님의 계명은 이것이니, 곧 그 아들 예수 그리스도의 이름을 믿고, 그리스도께서 우리에게 명하신 대로 서로 사

계속해서 하나님의 계명을 지키는 것을 강조합니다. 이렇게까지 계명 준수를 강조하는 이유는 무엇인가요? 요한1서는 매우 원론적이지만, 그래서 매우 현실적이기도 합니다. 하나님의 사랑은 추상적인 심리 조작이 아닙니다. 이 사랑은 삶에서 하나님의 계명을 지키며 하나님께서 좋아하시는 일을 하겠다는 태도로 나타납니다 (22절). 그 계명의 핵심은 예수 그리스도의 이름을 믿는 것, 그분이 주신 계명을 따라 서로 사랑하는 것입니다(23절). 이것이 그리스도와 관계를 유지하는 실질적인 방법입니다. 우리가 그분의 계명을 지킬 때, 우리가 그분 안에 머물고 그분도 우리 안에 머무십니다(24절). 우리의 사랑이 텅 빈 말이 아니라 서로를 향한 수고와 희생으로 표현되는 것처럼, 하나님을 향한 사랑 역시 심리적 자기만족이 아니라 그분이 기뻐하시는 뜻에 순종하는 행동으로 나타납니다. 계명에 대한 관심을 통해 결국 하나님의 사랑에 대한 관심을 구체적으로 표현하는 것입니다.

랑하라는 것입니다. 24 그리스도의 계명을 지키는 사람은 그
리스도 안에 있고, 그리스도께서도 그 사람 안에 계십니다. 그
리스도께서 우리 안에 계시다는 것을, 그가 우리에게 주신 성
령으로 우리는 압니다.

{ 제4장 }

하나님의 영과 그리스도의 적대자의 영

1 사랑하는 여러분, 어느 영이든지 다 믿지 말고, 그 영들이 하
나님에게서 났는가를 시험하여보십시오. 거짓 예언자가 세상
에 많이 나타났기 때문입니다. 2 여러분은 하나님의 영을 이
것으로 알 수 있습니다. 곧 예수 그리스도께서 육신을 입고 오
셨음을 시인하는 영은 다 하나님에게서 난 영입니다. 3 그러
나 예수를 시인하지 않는 영은 다 하나님에게서 나지 않은 영
입니다. 그것은 그리스도의 적대자의 영입니다. 여러분은 그

'영'에 대한 이야기가 나옵니다. 하나님의 영과 다른 영들이 있다는 말인가요? 우
리는 하나님의 계명을 지켜 그분 안에 머무릅니다. 이 지식은 '하나님께서 우리에
게 주신 영에서' 나옵니다. 그런데 '영'에 호소하면서도 성령의 지식과 다르게 행동
하는 이들이 많습니다. 저마다 내세우는 이런 '영'을 전부 믿지 말고, 그 '영들'을 검
증해야 합니다(1절). 누군가 예수 그리스도가 하나님에게서 왔다고 고백하면 그가
내세우는 '영'은 바로 '하나님의 영'입니다(2절). 반대로 이를 부인하면 그건 이 세상
에 와 있는 '적그리스도의 영'입니다(3절). 세상은 자기 생각에 맞게 말하는 거짓 선
지자의 영의 말을 듣겠지만, 하나님에게서 난 사람은 '우리'의 말을 들을 것입니다
(5~6절). 이 반응의 차이로 우리는 진리의 영과 기만의 영을 구별합니다.

영이 올 것이라는 말을 들었습니다. 그런데 그 영이 세상에 벌써 와 있습니다. 4 자녀 된 이 여러분, 여러분은 하나님에게서 난 사람들이며, 여러분은 그 거짓 예언자들을 이겼습니다. 여러분 안에 계신 분이 세상에 있는 자보다 크시기 때문입니다. 5 그들은 세상에서 났습니다. 그런 까닭에 그들은 세상에 속한 것을 말하고, 세상은 그들의 말을 듣습니다. 6 우리는 하나님에게서 났습니다. 하나님을 아는 사람은 우리의 말을 듣고, 하나님에게서 나지 아니한 사람은 우리의 말을 듣지 아니합니다. 이것으로 우리는 진리의 영과 미혹의 영을 알아봅니다.

하나님은 사랑이시다

7 ㅇ 사랑하는 여러분, 서로 사랑합시다. 사랑은 하나님에게서 난 것입니다. 사랑하는 사람은 다 하나님에게서 났고, 하나님을 압니다. 8 사랑하지 않는 사람은 하나님을 알지 못하니

하나님의 사랑의 가장 명백한 증거가 자기 아들을 보내 우리 죄를 위해 화목제물이 되게 한 것이라고요. 그렇다면 자기 아들을 그렇게 끔찍한 죽음으로 내몬 하나님을 과연 사랑의 하나님이라고 믿어야 하나요? 하나님과 그 아들의 사랑 이야기는 이 세상의 부자 관계와 겹치기도 하지만, 다른 면도 있습니다. 가장 비슷한 것이 아버지와 아들의 관계라 그렇게 표현하지만, 인간관계의 언어로 표현했을 때 이상해지는 대목도 있습니다. "아버지가 사랑하는 아들을 끔찍한 죽음으로 내몰았다"는 생각도 초월적인 하나님의 신비롭고 창조적인 사랑을 우리의 경험 수준으로 축소하다 보니 생기는 오해입니다. 우리 식으로 풀자면, 그리스도 사건은 하나님의 자기희생입니다. 하나님께서는 우리를 용서하고 살리기 위해 아끼는 아들을 제물로 세상에 보내셨고, 이 뜻에 따라 그리스도께서 스스로 자신을 희생하셨습니다. 사랑할 이유도 자격도 없는 이들을 위해 베푸신, 그래서 이들을 멋진 자녀로 만드시는 창조적 사랑입니다. 요한은 바로 이 하나님의 사랑이 그분을 아는 열쇠라는 사실을 강조합니다.

다. 하나님은 사랑이시기 때문입니다. 9 하나님의 사랑이 우리에게 이렇게 드러났으니, 곧 하나님이 자기 외아들을 세상에 보내주셔서 우리로 하여금 그로 말미암아 살게 해주신 것입니다. 10 사랑은 이 사실에 있으니, 곧 우리가 하나님을 사랑한 것이 아니라, 하나님이 우리를 사랑하셔서, 자기 아들을 보내어 우리의 죄를 위하여 화목제물이 되게 하신 것입니다. 11 사랑하는 여러분, 하나님께서 이렇게까지 우리를 사랑하셨으니, 우리도 서로 사랑해야 합니다. 12 지금까지 하나님을 본 사람은 없습니다. 그러나 우리가 서로 사랑하면, 하나님이 우리 가운데 계시고, 또 하나님의 사랑이 우리 가운데서 완성된 것입니다.

13 ○ 하나님이 우리에게 자기 영을 나누어주셨습니다. 이것으로 우리가 하나님 안에 있고, 또 하나님이 우리 안에 계시다는 것을 우리는 압니다. 14 우리는 아버지께서 아들을 세상의 구주로 보내신 것을 보았고, 또 그것을 증언합니다. 15 누구든지 예수를 하나님의 아들로 시인하면, 하나님이 그 사람 안에 계시고, 그 사람은 하나님 안에 있습니다. 16 우리는 하나님이 우리에게 베푸시는 사랑을 알았고, 또 믿었습니다.

하나님이 우리에게 자기의 영을 나누어주었다(13절)는 말은 무슨 뜻인가요? 3장 24절에도 등장한 표현입니다. 하나님의 영을 주셨다는 표현도 있지만, "하나님의 영에서 (그 일부를 나눠)주셨다"고 표현하기도 합니다. '하나님의 영' 자체가 우리가 계량할 수 있는 물질이 아니기에, '(나눠)주셨다'는 표현 역시 기계적으로 해석하지 않도록 주의해야 합니다. 우리는 나름의 '영'을 가진 존재입니다. 이 영은 이 세상의 영 혹은 마귀의 영과 손잡을 수도 있고, 반대로 하나님의 영과 손잡을 수도 있습니다. 하나님께서 자기 영을 주셨다는 것은 우리의 영이 하나님의 영에 의해 움직이는 존재가 되었다는 뜻입니다. 문자적으로 '영으로부터'라는 표현은 우리 사유

○ 하나님은 사랑이십니다. 사랑 안에 있는 사람은 하나님 안에 있고 하나님도 그 사람 안에 계십니다. 17 사랑이 우리에게서 완성되었다는 사실은 이 점에 있으니, 곧 우리로 하여금 심판 날에 담대함을 가지게 하려는 것입니다. 우리가 이렇게 담대해지는 것은, 그리스도께서 사신 대로 또한 우리도 이 세상에서 그렇게 살기 때문입니다. 18 사랑에는 두려움이 없습니다. 완전한 사랑은 두려움을 내쫓습니다. 두려움은 징벌과 관련이 있습니다. 두려워하는 사람은 아직 사랑을 완성하지 못한 사람입니다. 19 우리가 사랑하는 것은 하나님이 우리를 먼저 사랑하셨기 때문입니다. 20 누가 하나님을 사랑한다고 하면서, 자기 형제자매를 미워하면, 그는 거짓말쟁이입니다. 보이는 자기 형제자매를 사랑하지 않는 사람이 보이지 않는 하나님을 사랑할 수 없습니다. 21 하나님을 사랑하는 사람은 자기 형제자매도 사랑해야 합니다. 우리는 이 계명을 주님에게서 받았습니다.

와 행동의 '근거' 혹은 '원천'을 나타냅니다. 우리가 하나님의 성령을 토대로 생각하고 살아간다는 뜻입니다. 바울은 이를 하나님의 영이 우리 속에 머무시는 것으로, 그래서 우리가 그 영에 따라 살아가는 것으로 표현합니다.

{ 제5장 }

세상을 이기는 믿음

1 예수가 그리스도이심을 믿는 사람은 다 하나님에게서 태어났습니다. 낳아주신 분을 사랑하는 사람은 다 그분이 낳으신 이도 사랑합니다. 2 우리가 하나님을 사랑하고, 또 그 계명을 지키면, 이로써 우리가 하나님의 자녀를 사랑한다는 것을 압니다. 3 하나님을 사랑하는 것은 그 계명을 지키는 것입니다. 하나님의 계명은 무거운 짐이 아닙니다. 4 하나님에게서 태어난 사람은 다 세상을 이기기 때문입니다. 세상을 이긴 승리는 이것이니, 곧 우리의 믿음입니다. 5 세상을 이기는 사람은 누구입니까? 예수가 하나님의 아들이심을 믿는 사람이 아니고 누구겠습니까?

세상을 꼭 이겨야 하나요? 세상을 이긴다는 말에 담긴 뜻이 궁금합니다. 같은 단어라도 맥락에 따라 다양한 의미로 사용됩니다. '세상'도 마찬가지입니다. 사람들이 살아가는 세상, 그래서 하나님께서 사랑하시는 대상일 수도 있고, 반대로 하나님의 뜻을 거부하는 사람들의 세상일 수도 있습니다. 여기서는 부정적 의미의 세상입니다. 하나님의 뜻을 거부하고 오히려 마귀의 생각을 따르는 사람들에 의해 만들어진 삶의 공간 혹은 구조를 가리킵니다. 신자들에게 이런 세상은 적대적인 곳일 수밖에 없습니다. 하나님의 계명을 지키는 삶을 막는 구조를 가졌기 때문입니다. 그래서 이 땅에서의 삶은 자주 세상과의 싸움이나 전쟁으로 묘사됩니다. 세상의 사람을 미워하라는 말이 아니라, 하나님을 대적하는 문화와 싸우라는 뜻입니다. 그래서 이 싸움은 폭력의 악순환을 끊는 절제와 인내, 겸손, 온유 등 세상이 패배라 말하는 방법을 동원합니다. 하나님을 사랑하는 신자들은 창조적 사랑으로 세상을 구원하시는 하나님을 닮으려 하기 때문입니다.

아들에 관해서 증언함

6 ○ 그는 물과 피를 거쳐서 오신 분인데, 곧 예수 그리스도이십니다. 그는 다만 물로써 오신 것이 아니라 물과 피로써 오셨습니다. 성령은 증언하시는 분입니다. 성령은 곧 진리입니다. 7 증언하시는 이가 셋인데, 8 곧 성령과 물과 피입니다. 이 셋은 일치합니다. 9 우리가 사람의 증언도 받아들이거늘, 하나님의 증언은 더욱더 큰 것이 아니겠습니까? 하나님의 증언은 이것이니, 곧 하나님이 자기 아들에 관해서 증언하셨다는 것입니다. 10 하나님의 아들을 믿는 사람은 그 증언을 자기 속에 가지고 있습니다. 하나님을 믿지 않는 사람은 하나님을 거짓말쟁이로 만들었습니다. 하나님이 자기 아들에 관해서 증언하신 그 증언을 믿지 않기 때문입니다. 11 그 증언은 이것이니, 곧 하나님이 우리에게 영원한 생명을 주셨다는 것과, 바로 이 생명은 그 아들 안에 있다는 것입니다. 12 그 아들을 모시고 있

하나님의 아들 예수를 성령, 물, 피가 증언한다고 합니다. 이 셋이 어떻게 증언한다는 말인가요? 6–8절은 다양한 해석이 엇갈리는 난해한 부분입니다. '물뿐 아니라 물과 피'라는 표현은 피를 무시했던 흐름에 대한 반박일 것입니다. 아마 예수님의 십자가 죽음을 가리킬 것입니다. 예수님의 죽음을 경시하고 선지자나 교사로서의 활동만 강조했던 경향에 반박하면서, 예수님의 탄생뿐 아니라 그분의 죽음을 함께 생각해야 한다는 주장으로 보입니다. 요한은 성령과 더불어 이 둘을 '증인'으로 내세웁니다. 성령은 우리에게 복음의 진리를 증언합니다. 하지만 이 증언은 독립적이지 않습니다. 성령의 증언은 언제나 지상적 혹은 '역사적' 예수님의 사역과 얽힙니다. 곧 성령은 언제나 예수님의 생애와 죽음의 의미를 되새기고 그 의미를 깨우치는 방식으로 우리에게 증언합니다. 그래서 성령과 물과 피, 이 3가지를 '증언'으로 함께 내세운 것으로 보입니다. 물론 다른 해석도 가능하다는 사실을 기억할 필요가 있습니다.

는 사람은 생명을 가지고 있고, 하나님의 아들을 모시고 있지 않은 사람은 생명을 가지고 있지 않습니다.

영원한 생명을 아는 지혜

13 ○ 나는 하나님의 아들의 이름을 믿는 사람들인 여러분에게 이 글을 씁니다. 그것은 여러분이 영원한 생명을 가지고 있다는 것을 알게 하려는 것입니다. 14 우리가 하나님에 대하여 가지는 담대함은 이것이니, 곧 무엇이든지 우리가 하나님의 뜻을 따라 구하면, 하나님은 우리의 청을 들어주신다는 것입니다. 15 우리가 무엇을 구하든지 하나님이 우리의 청을 들어주신다는 것을 알면, 우리가 하나님께 구한 것들은 우리가 받는다는 것도 압니다.

16 ○ 누구든지 어떤 교우가 죄를 짓는 것을 볼 때에, 그것이 죽음에 이르게 하는 죄가 아니면, 하나님께 간구하십시오. 그리하면 하나님은, 죽을 죄는 짓지 않은 그 사람들에게 생명을

편지의 마무리가 이례적입니다. 인사도 없이 끝난 것이 이상해 보입니다. 특별한 사연이 있나요? 편지치고는 이례적인 형태입니다. 전형적인 편지의 서두도 없고, 편지다운 결말도 없습니다. 그냥 한 편의 설교문으로도 읽을 수 있습니다. 편지 형식이 뚜렷한 요한2·3서와 대조적입니다. 하지만 '쓴다'(써 보낸다)는 표현이 자주 등장하는 것을 보면, 편지로 기록된 것은 분명합니다. 왜 이런 모습인지 특정할 순 없지만, 적어도 이런 파격이 아무런 문제가 되지 않을 만큼 편지 수신자들과 친밀한 관계였으리라 추정할 수 있습니다. 곧바로 본론으로 들어가고 제대로 된 인사도 없이 마무리되지만, 본문 자체는 매우 세심하게 작성되었습니다. 특히 잦은 반복, 정형화된 구조, 청각적 효과 등 청각적 전달과 암기를 돕는 수사적 장치를 다양하게 활용합니다. 공동체 안에서 함께 낭독할 것을 염두에 두고 세심하게 작성한 글입니다.

주실 것입니다. 죽을 죄가 있습니다. 이 죄를 두고 간구하라고 하는 말이 아닙니다. 17 불의한 것은 모두 죄입니다. 그러나 죽음에 이르지 않는 죄도 있습니다.

18 ○ 하나님에게서 태어난 사람은 누구든지 죄를 짓지 않는다는 것을, 우리는 압니다. 하나님에게서 태어나신 분이 그 사람을 지켜주시므로, 악마가 그를 해치지 못합니다. 19 우리가 하나님에게서 났다는 것을 우리는 압니다. 그런데, 온 세상은 악마의 세력 아래 놓여 있습니다. 20 하나님의 아들이 오셔서, 그 참되신 분을 알 수 있도록, 우리에게 이해력을 주신 것을 우리는 압니다. 우리는 그 참되신 분 곧 하나님의 아들 예수 그리스도 안에 있습니다. 이 분이 참 하나님이시요, 영원한 생명이십니다. 21 자녀 된 이 여러분, 여러분은 우상을 멀리하십시오.

{ 제1장 }

인사

1 장로인 나는 택하심을 받은 믿음의 자매와 그 자녀들에게 이 글을 씁니다. 나는 여러분을 진정으로 사랑합니다. 나만이 아니라, 진리를 깨달은 모든 사람이 여러분을 사랑합니다. 2 그것은 지금 우리 속에 있고, 또 영원히 우리와 함께할 그 진리 때문입니다. 3 하나님 아버지와 아버지의 아들 예수 그리스도께서 내려주시는 은혜와 자비와 평화가 진리와 사랑으로 우리와 함께 있기를 빕니다.

진리와 사랑

4 ○ 그대의 자녀 가운데 우리가 아버지께로부터 받은 계명대로 진리 안에서 살아가는 이들이 있는 것을 보고, 나는 매우 기뻐했습니다. 5 자매여, 지금 내가 그대에게 간청하는 것

수신자가 자매와 그 자녀들입니다. 서로 사랑하자고 간청할 만큼 내부적으로 무슨 일이 있었나요? 1절과 5절의 '자매'는 그냥 자매(sister)가 아니라, 집안의 주인(가부장)의 여성형으로 가정의 '안주인'을 말합니다. 실제 한 개인인지, 교회(의 지도자)를 말하는지는 논란이 있습니다. 내용을 보면 교회의 지도자들을 향해 말하는 느낌이 강합니다. '그대의 자녀'는 교회의 신자들처럼 보이고(4절), 서로 사랑하자는 권고의 대상이며(5절), 중요한 권고도 복수의 '여러분'에게 전합니다. 방문 의사를 밝히는 것 역시 교회 공동체를 생각하고 있다는 인상을 줍니다. 여성이 (가정)교회의 지도자로 섬기는 상황일 수도 있습니다. 예수님의 성육신을 부인하는 적그리스도에 대한 경고가 나오고, 그런 사람을 가정(교회)에 들이지 말라는 단호한 권고도 있습니다. 이런 상황일수록 서로 사랑하는 신앙의 유대가 더 중요했을 것입니다.

은, 우리 모두가 서로 사랑하자는 것입니다. 그렇지만 내가 새 계명을 써 보내는 것이 아니라, 우리가 처음부터 가지고 있는 계명을 써 보내는 것입니다. 6 사랑은 다름이 아니라 하나님의 계명을 따라 사는 것입니다. 계명은 다름이 아니라, 여러분이 처음부터 들은 대로, 사랑 안에서 살아가야 한다는 것입니다. 7 속이는 자들이 세상에 많이 나타났기 때문입니다. 그들은 예수 그리스도께서 육신을 입고 오셨음을 고백하지 않습니다. 이런 자야말로 속이는 자요, 그리스도의 적대자입니다. 8 여러분은 스스로 삼가서, 우리가 수고하여 맺은 열매를 잃지 말고, 충분히 포상을 받을 수 있도록 하십시오. 9 지나치게 나가서 그리스도의 가르침 안에 머물러 있지 아니한 사람은 누구든지, 하나님을 모시고 있지 아니한 사람입니다. 그 가르침 안에 머물러 있는 사람은 아버지와 아들을 다 모시고 있는 사람입니다. 10 누가 여러분을 찾아가서 이 가르침을 전하지 않으면, 그 사람을 집에 받아들이지도 말고, 인사도 하지 마십시오. 11 그에게 인사하는 사람은, 그가 하는 악한 일에 동참하는 것입니다.

속이는 자들, 적대자(7절)로 규정된 이들은 누구를 말하나요? 요한1서에서와 마찬가지로, '속이는 자들'은 예수 그리스도께서 육체로 오셨다는 사실을 부인하는 '적그리스도'입니다. 이들은 '그리스도의 가르침' 곧 그리스도에 관한 올바른 가르침에 만족하지('머물지') 않고 선을 넘어 앞서 나간 사람들입니다(9절). 이런 사람은 하나님 아버지도, 그분의 아들 예수 그리스도도 '소유할' 수 없습니다(9절). 저자는 이런 사람들의 유혹과 위협을 염려하면서, 자기와 같은 지도자들이 일구어놓은 것이 없어지지 않도록 하자고, 그래서 하나님으로부터 풍성한 '보상'(갚아주심)을 받을 수 있도록 하자고 권고합니다(8절). 그리스도의 교훈을 저버린 사람은 집에 들이지 말라는 것을 보면, 이들은 공동체를 나간 후에도 다른 신자들을 포섭하려 한 것 같습니다. 저자는 이들에 대해 단호하게 대처하라고 주문합니다.

작별 인사

12 ○ 내가 여러분에게 쓸 말이 많지만, 그것을 종이와 먹으로 써 보내고 싶지 않습니다. 내가 바라는 것은, 여러분에게 가서, 얼굴을 마주 보고 말하여, 우리의 기쁨을 넘치게 하는 것입니다. 13 택하심을 받은 그대 자매의 자녀들이 그대에게 문안합니다.

{ 제1장 }

인사

1 장로인 나는 사랑하는 가이오에게 이 글을 씁니다. 나는 그 대를 진정으로 사랑합니다.

2 ○ 사랑하는 이여, 나는 그대의 영혼이 평안함과 같이, 그대 에게 모든 일이 잘되고, 그대가 건강하기를 빕니다. 3 신도들 몇이 와서, 그대가 진리 안에서 살아가는 모습 그대로, 그대의 진실성을 증언해주는 것을 듣고 나는 매우 기뻐했습니다. 4 내 자녀들이 진리 안에서 살아가고 있다는 소식을 듣는 것보다 더 기쁜 일이 나에게는 없습니다.

협동과 방해

5 ○ 사랑하는 이여, 그대가 신도들을, 더욱이 낯선 신도들을

가이오, 디오드레베, 데메드리오 등등 여러 사람이 거명되고, 당부와 비난과 추천의 말들이 나옵니다. 어떤 문제가 있었나요? 저자인 '장로'는 편지의 수신자인 가이오에게 '낯선' 형제들, 곧 손님으로 방문한 신자들을 잘 영접해달라고 부탁합니다(5-8절). 그리고 자신이 겪은 불미스러운 경험을 회고합니다. 곧 가정교회에서 권위를 행사하던 디오드레베라는 인물이 장로의 권위를 무시하고 그들 일행을 배척했던 일입니다(9절). 저자 일행을 내쫓았을 뿐 아니라, 자신의 뜻에 동조하지 않는 신자를 교회에서 축출하기까지 했습니다(10절). 약간의 상상력을 더해 추정해보자면, 요한1·2서에 거론된 적그리스도적 사상에 기울어져 사도적 가르침을 계승하는 장로 일행을 비판하며 배척했을 수도 있습니다. 어쨌든 편지의 직접적인 주제는 '환대'(hospitality)입니다. 신자들은 디오드레베의 악한 행실 대신, (구체적 설명은 없지만) 널리 인정된 데메드리오의 선행(12절)을 본받아야 합니다.

섬기는 일은 무엇이나 충성스럽게 하고 있습니다. 6 그들은 교회의 회중 앞에서 그대의 사랑을 증언하였습니다. 그대가 하나님이 보시기에 합당하게, 그들을 잘 보살펴서 보내는 것은 잘하는 일입니다. 7 그들은 그리스도의 이름을 전하기 위하여 나선 사람들인데, 이방 사람에게서는 아무것도 받지 않았습니다. 8 그러므로 우리는 그런 사람들을 돌보아주어야 마땅합니다. 그래야만 우리가 진리에 협력하는 사람이 될 것입니다.

9 ○ 내가 그 교회에 편지를 써 보냈습니다. 그러나 그들 가운데서 으뜸이 되기를 좋아하는 디오드레베는 우리를 받아들이지 않았습니다. 10 그러므로 내가 가면, 그가 하는 일들을 들추어내겠습니다. 그는 악한 말로 우리를 헐뜯고 있습니다. 그는 그것으로도 만족하지 않고, 자기도 신도들을 받아들이지 않을 뿐만 아니라, 받아들이려는 사람들까지 방해하고, 그들을 교회에서 내쫓습니다.

11 ○ 사랑하는 이여, 악한 것을 본받지 말고, 선한 것을 본받으십시오. 선한 일을 하는 사람은 하나님에게서 난 사람이고, 악한 일을 하는 사람은 하나님을 뵙지 못한 사람입니다. 12 데메드리오는 모든 사람들에게 좋은 평을 받았고, 또 바로 그 진

중요한 편지일 수도 있지만, 어떤 면에서는 평범한 내용으로도 보입니다. 굳이 이 편지가 신약성경에 속하게 된 중요한 이유는 무엇인가요? 요한1서는 저자의 이름이 없고, 요한2·3서는 저자가 자신을 '장로'로 소개합니다. 이들 편지가 신약성서의 일부가 되는 자세한 과정은 알 수 없습니다. 1세기 중엽 이들 편지와 유사한 내용이 교부들의 글에 나오곤 하지만, 실제 이 문서들을 언급한 것인지는 분명치 않습니다. 폴리캅(69-155년)의 글에 요한1서 4장 2-3절, 요한2서 7절과 거의 비슷한 표현이 나오기도 합니다. 유세비우스의 교회사(6.25.10)에 의하면, 세 편지를 함께 언급한 최초의 인물은 250년 무렵의 오리겐입니다. 그는 사도 요한이 매우 짧은 편지도

실한 삶으로 그러한 평을 받았습니다. 우리도 또한 그렇게 평합니다. 그대는 우리의 증언이 옳다는 것을 압니다.

작별 인사

13 ○ 그대에게 쓸 말이 많지만, 먹과 붓으로 써 보내고 싶지 않습니다. 14 그대를 곧 만나게 되기를 바랍니다. 그러면 우리가 얼굴을 마주 보고 말하게 될 것입니다. 15 평화가 그대에게 있기를 빕니다. 친구들이 그대에게 문안합니다. 친구들 각 사람에게 문안하여주십시오.

남겼고, 그것이 '두 번째, 세 번째 편지'일 것으로 추정하면서, 이 둘이 사도 요한의 저작임을 부정하는 이도 있다고 이야기합니다. 요한서신, 특히 요한1서에 담긴 기독론적 논의의 중요성, 그리고 요한복음서와의 긴밀한 유사성이 사도적 저술로 인정된 핵심 근거라 할 수 있습니다.

유다서

Jude

하나님의 사랑 안에서
올바른 신앙을 지키기를

신자들이 믿음을 지키는 데 필요한 교훈들이
간략하지만 선명한 언어로 제시됩니다.
구약성경과 유대교 전승의 사례뿐 아니라,
매우 유창한 수사와 다채로운 비유들을 활용해
거짓 교사들의 어리석음을 폭로하면서
사도의 가르침을 기억하고 올바른 신앙을 지키자고 독려합니다.
저자의 말처럼, 하나님의 사랑 안에서 흔들리지 않도록 자기를 지켜서,
영생을 얻을 때까지 예수 그리스도의 자비를 기다리라는 호소입니다.

유다서는 저자의 이름을 제목으로 삼은 일반서신의 하나로, 유다가 기록한 편지입니다. 신약성경에는 여러 명의 유다가 나옵니다. 예수님을 배반한 제자인 가룟 사람 유다와 다른 제자 유다가 잘 알려져 있습니다.

그러나 저자가 자신을 '야고보의 형제'라고 소개하는 것으로 볼 때, 예수님의 육신의 동생 유다임이 분명합니다. 예수님의 두 동생의 편지가 공동서신에 하나씩 포함된 셈입니다. 유다서 역시 편지 자체의 주장이나 교회의 전승처럼 실제 유다의 작품이라 보는 의견도 있고, 후대의 다른 사람의 저작이라 보는 의견도 있습니다.

정경으로서 유다서의 위상은 약간 모호했습니다. 2세기부터 신약 문서의 목록에 포함되기도 했지만, 3세기의 오리겐은 '의심스러운' 문서로 분류하기도 했습니다. 그러나 4세기부터는 동방과 서방에서 모두 널리 받아들여졌습니다. 시리아권 교회에서는 6세기가 되어서야 유다서를 신약성경의 하나로 받아들였습니다. 유다서 역시 루터가 의문스럽게 여기며 정경 목록에서 제외했던 4권의 책 중 하나입니다.

믿음을 위해 싸우라고 신자들을 독려하는 편지

유다서는 "믿음을 위해 싸우라"고 신자들을 독려하는 편지입니다(3절). 지금 교회 내에는 '몰래 숨어들어' 신자들의 믿음과 그들의 구원을 흔들어놓으려는 사람들이 있습니다(4절). 이들은 나름의 계시와 영적 권위를 주장한 것 같지만(8절), 하나님의 은혜를 핑계로 욕망을 추구했고, 결과적으로 예수 그리스도를 부인하는 사람들입니다. 저자는 이들의 심판이 이미 오래전에 예고된 일이었다고 말합니다(4절). 그리고 구약성경의 유명한 사례들을 거론하면서 이들의 심판이 확실하다고 역설합니다(5-7절).

이런 비판과 더불어 신자들이 믿음을 지키는 데 필요한 교훈들이 간략하지만 선명한 언어로 제시됩니다. 구약성경과 유대교 전승의 사례뿐 아니라, 매우 유창한 수사와 다채로운 비유들을 활용해 거짓 교사들의 어리석음을 폭로하면서 사도의 가르침을 기억하고 올바른 신앙을 지키자고 독려합니다. 저자의 말처럼, 하나님의 사랑 안에서 흔들리지 않도록 자기를 지켜서, 영생을 얻을 때까지 예수 그리스도의 자비를 기다리라는 호소입니다(21절).

올바른 진리와 건강한 교회를 위한 당부

믿음을 위해 단호하게 싸울 것을 권고하지만, 동시에 '의심하는 사람들'을 향한 동정의 태도가 필요하다고 말하는 대목이나, '불'에 들어간 사람을 끌어내라는 호소, 그리고 악으로 더럽혀진 옷조차 멀리하라 말하면서도 "두려워하며 동정심을 가지라"고 부탁하는 모습은 사상의 선명성을 넘어 사람을 살리려는 목회적 마음을 느끼게 합니다.

짧은 편지지만, 묵시적 언어와 강력한 수사를 동원해 깊은 감동을 전합니다. 올바른 진리와 건강한 교회를 위한 마음이 잘 묻어나는 편지입니다.

{ 제1장 }

인사

1 예수 그리스도의 종이요 야고보의 동생인 유다가, 부르심을 받은 사람들 곧 하나님 아버지께서 사랑하시고 예수 그리스도께서 지켜주시는 이들에게 이 편지를 씁니다. 2 자비와 평화와 사랑이 여러분에게 가득하기를 빕니다.

거짓 교사들에게 내릴 심판(벧후 2:1-17)

3 ○ 사랑하는 여러분, 나는 여러분에게 우리가 함께 가진 구원에 관해서 편지를 써 보내려고 여러 가지로 애쓰고 있었습니다. 그러던 참에 나는 이제 여러분에게 성도들이 단번에 받은 그 믿음을 지키기 위하여 싸우라고 권하는 편지를 당장 써야 할 필요가 생겼습니다. 4 몇몇 사람이 몰래 숨어들었기 때

믿음을 지키기 위해 싸우라고 권하는 편지를 당장 써야 할 만큼(3절) 다급한 배경은 무엇이었나요? 교회에 '잠입한 몇 사람'이 '성도에게 단번에 주어진 믿음'에 중대한 위험을 끼치고 있습니다. 나름의 영적 권위를 내세우며 그리스도인의 자유를 극단으로 밀고 나갔습니다. 그들은 자신들이 더 높은 신앙을 지향한다고 생각했을 것입니다. 하지만 저자는 이들이 사도들의 올바른 가르침에 불만을 품고 이를 조롱하며, 하나님의 은혜를 타락의 핑계로 삼고, 실제로는 자기 욕심대로 사는 사람이라고 지적합니다(4, 16, 18절). 새로운 계시('꿈', 8절)를 주장한 듯하지만, 실상은 성령이 없이 육신에 머물 뿐입니다. 그리스도의 권위를 부정하는 그들의 가르침은 교회를 유익하게 하기는커녕 도리어 교회 분열의 원인이 되고 있습니다(8, 19절). 저자의 다급하고 격한 어조에서 유추할 수 있듯이, 이들은 다른 신자들에게 상당한 영향을 미친 것 같습니다(22-23절).

문입니다. 성경에는 그들이 받을 심판을 옛날에 미리 적어놓았습니다. 그들은 경건하지 못한 자들로서, 우리 하나님의 은혜를 방종거리로 만들고, 오직 한 분이신 지배자요 우리의 주님이신 예수 그리스도를 부인하는 자들입니다.

5 ○ 여러분이 이미 다 알겠지만, 내가 다시 여러분의 기억을 일깨워드리려는 것은 이것입니다. 주님께서는 백성을 이집트에서 한 번에 구원해내시고서, 그다음에는 믿지 않는 자들을 멸하셨습니다. 6 또 그는 자기들의 통치 영역에 머물지 않고 그 거처를 떠난 천사들을 그 큰 날의 심판에 붙이시려고, 영원한 사슬로 매어서 어둠에 가두어두셨습니다. 7 그리고 소돔과 고모라와 그 주위의 성들도 그들과 마찬가지로 음란함에 빠져서 딴 육체를 좇았기 때문에 영원한 불의 형벌을 받아 사람들에게 본보기가 되었습니다.

8 ○ 마찬가지로 이 사람들도 꿈꾸면서 육체를 더럽히며, 권위를 업신여기며, 영광스러운 존재들을 모독하고 있습니다. 9 천사장 미가엘은, 모세의 시체를 놓고 악마와 다투면서 논쟁을

천사장 미가엘이 모세의 시체를 놓고 악마와 다툰 이야기(9절)는 처음 듣습니다. 무슨 내용인가요? 저자는 교회에 잠입한 '이 사람들'을 하나님의 권위를 무시하고 '영광스러운 존재들을 비방했던' 과거의 사례들(출애굽 이스라엘, 타락한 천사들, 소돔과 고모라)과 연결합니다(5-7, 8절). 그리고 이들과는 반대로 하나님의 권위 아래 자신을 낮출 줄 알았던 천사장 미가엘의 사례를 소개합니다. 모세의 시체에 관한 전설입니다. 마귀는 모세가 이집트 사람을 죽인 살인자이므로 그 시체는 매장할 수 없고 자기 소유가 되어야 한다고 주장합니다. 이런 마귀의 주장에 천사장 미가엘이 반박하며 논쟁을 벌인다는 이야기입니다. 심판자의 역할을 넘보는 대신 주님께 그 권위를 돌리는 미가엘의 이야기로 저자는 잠입자들의 위험한 오만을 경고합니다. 이 전설의 출전은 〈모세의 유언〉이라는 글일 수 있습니다. 하지만 자료가 부실해 정확한 출처는 알기 어렵습니다.

할 때에, 차마 모욕적인 말로 단죄하지 못하고, "주님께서 너를 꾸짖으시기를 바란다" 이렇게만 말하였습니다. 10 그런데 이 사람들은 무엇이든지 자기들이 깨닫지 못하는 것은 욕합니다. 그들은 이성이 없는 짐승들처럼, 본능으로 아는 것 바로 그 일로 멸망합니다. 11 그들에게 화가 있습니다. 그들은 가인의 길을 걸었으며, 삯을 바라서 발람의 그릇된 길에 빠져들었으며, 고라의 반역을 따르다가 망하였습니다. 12 이 사람들은 함께 먹을 때에 자기 배만 불리면서 겁 없이 먹어대므로, 여러분의 애찬을 망치는 암초입니다. 그들은 바람에 밀려다니면서 비를 내리지 않는 구름이요, 가을이 되어도 열매 하나 없이 죽고 또 죽어서 뿌리째 뽑힌 나무요, 13 자기들의 수치를 거품처럼 뿜어 올리는 거친 바다 물결이요, 길 잃고 떠도는 별들입니다. 짙은 어두움이 그들에게 영원히 마련되어 있습니다.

14 ㅇ 이런 사람들을 두고 아담의 칠대손 에녹은 이렇게 예언하였습니다. "보아라, 주님께서 수만 명이나 되는 거룩한 천사들을 거느리고 오셨으니, 15 이것은 모든 사람을 심판하시고, 모든 불경건한 자들이 저지른 온갖 불경건한 행실과, 또 불경

가인, 발람, 고라, 에녹 등등 여러 사람이 등장합니다. 이들은 누구인가요? (구약) 성경을 통해 독자들에게도 잘 알려진 인물들인데, 가인과 발람, 고라는 도덕적 훈계에 단골처럼 등장하는 악행의 대명사들입니다. 인류의 첫 자식인 가인은 동생 아벨에 대한 질투를 이기지 못해 그를 살해하는, 인류 최초의 (형제) 살인자입니다(창 4:1-15). 발람은 베드로후서 2장 15-16절에 나온 것처럼 부정한 이익을 위해 진리를 거스르는 사람의 전형입니다(민 22-24장). 성전을 섬기는 레위인 고라는 다단과 온과 결탁해 하나님께서 정하신 모세와 아론의 권위에 도전하다가 하나님께 죽임을 당한 인물입니다(민 16:1-35). '아담의 칠대손'이자 '경건하지 않은' 자들에 대한 심판을 '예언'한 에녹 이야기는 구약성경 창세기(5:1-24), 그리고 당시 매우 널리 읽혔던 묵시문학인 〈에녹1서〉 같은 책에 기록된 전승에 토대를 둔 것입니다.

건한 죄인들이 주님을 거슬러서 말한 모든 거친 말을 들추어내서, 그들을 단죄하시려는 것이다." 16 이들은 불만에 싸여서 불평을 늘어놓는 사람들이요, 자기들의 욕심대로 사는 사람들입니다. 그들은 입으로 허풍을 떨다가도, 이익을 챙기기 위해서는 남에게 아첨을 합니다.

훈계와 권면

17 ○ 사랑하는 여러분, 여러분은 우리 주 예수 그리스도의 사도들이 예고한 그 말을 기억하십시오. 18 그들은 여러분에게 말하기를, "마지막 때에는 여러분을 조롱하는 자들이 나타나서, 자기들의 경건하지 못한 욕정을 따라 살 것입니다" 하였습니다. 19 이 사람들은 분열을 일으키는 자들이며, 성령을 받지 않고 본능대로 사는 자들입니다. 20 그러나 사랑하는 여러분, 여러분은 가장 거룩한 여러분의 믿음을 터로 삼아서 자기를

간절해 보이는 마지막 당부가 인상적입니다. 이 훈계와 권면들은 오늘 우리 시대에도 의미가 있나요? "가장 거룩한 믿음 위에 자신을 세우라"는 권고나 '성령으로 기도하라"는 당부는 모든 신자가 들어야 할 말씀입니다. 혼탁한 가르침이 난무하는 세태일수록, 하나님의 사랑 안에 머무르면서 자신을 지키는 일, 그리고 올바른 순종의 삶을 살아가며 영생에 이를 때까지 우리 주 예수 그리스도의 자비를 기다리는 태도가 중요합니다(20–21절). 나쁜 가르침으로 교회가 분열되고 혼란스러울 때일수록, 자기 의와 분노에 휘둘리는 대신 '의심하는 이들에게 동정심을 갖는' 일이 필요합니다. 중요한 것은 사람을 잘못에서 건져내는 일입니다. 잘못을 미워하는 선명함이 있어야 하지만, 언제나 두려움과 동정심을 잃지 않는 모습도 중요합니다(22–23절). 저자는 신자들을 넘어지지 않게 든든히 세워주실 수 있는 분, 결국에는 그들이 기쁨으로 주님 앞에 흠이 없는 사람으로 서게 해주실 하나님의 이름을 부르며 훈계를 마무리합니다.

건축하고, 성령으로 기도하십시오. 21 하나님의 사랑 안에 머무르면서 자기를 지키고, 영생으로 인도하는 우리 주 예수 그리스도의 자비를 기다리십시오. 22 의심을 하는 사람들을 동정하십시오. 23 또 어떤 부류의 사람들에 대해서는 그들을 불에서 끌어내어 구원해주십시오. 또 어떤 부류의 사람들에 대해서는 그들을 두려운 마음으로 동정하되, 그 살에 닿아서 더럽혀진 속옷까지도 미워하십시오.

축복

24 ○ 여러분을 넘어지지 않게 지켜주시고, 여러분을 흠이 없는 사람으로 자기의 영광 앞에 기쁘게 나서게 하실 능력을 가지신 분, 25 곧 우리의 구주이시며 오직 한 분이신 하나님께 영광과 위엄과 주권과 권세가 우리 주 예수 그리스도로 말미암아 영원 전에와 이제와 영원까지 있기를 빕니다. 아멘.

주님, 우리의 참되고 지고하신 생명이시여,
당신으로 인하여, 당신을 통하여, 당신 안에서
모든 생명이 참으로 살고 복을 누립니다.
당신으로 인하여, 당신을 통하여, 당신 안에서
모든 선한 것이 그 선함과 사랑스러움을 지니게 됩니다.
우리 주 예수 그리스도를 통해
당신의 생명이 우리 삶 가운데 영원히 함께하기를
당신의 풍성한 자비 안에서 간구합니다.

_ 히포의 아우구스티누스

마태복음서 마태가 기록한 예수님의 삶과 가르침. 세금 징수원으로 일하다 부름을 받고 제자가 된 마태는 예수님의 중요한 행적과 가르침들을 낱낱이 기록으로 남겼다. 메시아가 나타나 새로운 나라의 임금이 되어 옛 영화를 되찾아주길 간절히 기다리던 유대인들에게 예수님이 곧 그분이라고 소개한다. 메시아가 임금이 되어 다스리는 나라는 어떤 모습일까? 마태의 눈을 통해 함께 들여다보자.

마가복음서 마가가 정리한 예수님의 삶과 가르침. 예수님께서 부활해 하늘로 올라가신 이후에 제자가 된 마가는 직접 그리스도를 따라다녔던 여러 선배들의 증언을 바탕으로 그 활동과 메시지를 정리했다. 예수님은 하나님의 아들이라고 단언하면서 그토록 고귀한 이가 섬기는 종의 모습으로 세상에 왔다고 설명한다. 주로 유대인과 로마인들을 겨냥해 구원의 소식을 전한다.

누가복음서 누가가 적은 예수님의 삶과 가르침. 의사였던 누가는 마치 기자처럼 예수님의 말과 행동을 상세히 기록한다. 인간 예수의 뒤를 따라가며 각종 사건과 발언들을 받아 적었다. 탄생, 어린 시절, 세례, 갖가지 비유와 기적, 죽음과 부활, 승천에 이르기까지 예수님께서 이 땅에 오셨다가 뜻을 이루고 다시 하늘로 올라가신 과정 전체를 이 책 한 권만 가지고도 넉넉히 살필 수 있다.

요한복음서 예수님을 따라다니며 큰 사랑을 받았던 제자 요한이 기록한 복음서. 앞의 책들과 마찬가지로 굵직굵직한 사건들과 중요한 메시지들을 다루지만, 다소 신학적이고 깊이 있는 설명을 덧붙이기도 한다. 예수님은 곧 하나님임을 강조하고, 그러기에 죄를 용서하는 권세가 그분에게 있다고 단언한다. 요한의 안내를 따라가노라면 예수님의 정체, 예수님께서 말씀하신 구원의 속성을 정확히 알 수 있다.

사도행전 부활한 예수님께서는 하늘로 올라가시고 제자들은 덜렁 이 땅에 남았다. 줄곧 예수님을 따라다니며 온갖 기적을 목격하고 그 메시지를 두 귀로 또렷이 들었지만, 막상 스승이 십자가에 달리게 되자 줄행랑을 쳤던 이들이었다. 그런데 어느 순간, 그

오합지졸들이 변해 죽음도 무릅쓰는 용사들이 되었다. 이들에게 무슨 일이 있었던 걸까? 이들은 어떻게 예수님의 메시지를 온 세상에 퍼트렸을까? 교회는 어떻게 태어나고 성장했을까? 사도행전은 그 비밀을 알려준다.

로마서 로마의 그리스도인들에게 보낸 바울의 편지. 구원의 메시지는 사방팔방으로 무섭게 퍼져나갔고 그리스도인의 숫자는 점점 더 불어났지만, 그와 함께 정리해야 할 신학적인 문제도 많아졌다. 뛰어난 전도자이자 신학자였던 바울은 구원이란 무엇이며 무엇으로 구원을 받는지, 하나님의 은혜는 어떤 역할을 하는지, 의로운 생활의 의미와 가치는 무엇인지 명쾌하게 제시한다.

고린도전서 고린도의 그리스도인들에게 보낸 바울의 첫 번째 편지. 고린도는 오늘날 뉴욕에 견줄 만한 대도시로, 살림이 풍요롭고 문화가 방탕하기로 소문이 자자했다. 이런 분위기는 교회 안에도 스며들어 고린도의 그리스도인 공동체는 갖가지 성적인 문제와 분열로 몸살을 앓았다. 바울은 이런 병폐들을 지적하면서 신앙의 본질과 질서를 지키며 은혜와 사랑에 기대어 살기를 촉구한다.

고린도후서 고린도의 그리스도인들에게 보낸 바울의 두 번째 편지. 서신을 보내 꾸짖고 타이르며 격려한 덕에 고린도교회의 형편은 한결 나아졌다. 하지만 여전히 바울의 지적을 불편하게 여기고 그 권위를 부정하는 지도자들도 있었다. 현지를 살피고 돌아온 제자들에게서 그 사연을 전해 들은 바울은 다시 편지를 보내 그들의 불평에 일일이 답하고, 마땅히 가야 할 길을 제시한다.

갈라디아서 갈라디아 지역의 교회에 보낸 바울의 편지. 일찍이 바울은 갈라디아 지방을 두루 다니며 그리스도의 메시지를 전했고, 수많은 사람들이 이를 받아들여 그리스도인이 되었다. 하지만 얼마 지나지 않아 거짓 선생들이 나타나 모세의 율법을 지키고 예식을 따라야 구원을 얻을 수 있다고 가르치는 바람에 큰 혼란이 일어났다. 정말 그럴까? 바울은 전혀 다른 답을 내놓는다.

에베소서 에베소의 그리스도인 공동체에 보낸 바울의 편지. 같은 복음을 듣고 교회를 이루었지만, 유대인과 이른바 이방인들 사이에는 미묘한 생각의 차이가 존재했다. 바울은 그리스도를 통해 이미 한 몸이 되었으므로 구별은 무의미하며, 교회는 사랑의 원리로 움직여야 한다고 설명한다. 아울러 그리스도인으로 이 세상을 살아갈 힘의 원천이 무엇이며 어떤 무장을 해야 하는지 가르친다.

빌립보서 바울이 유럽에 세운 첫 번째 공동체인 빌립보교회에 보낸 편지. 옥에 갇힌 바울은 빌립보의 그리스도인들이 보낸 선물을 받고, 감사의 뜻과 아울러 격려를 아끼지 않는다. 그리스도를 본받아 겸손한 마음가짐으로 서로 사랑하고 세워주며 하나님의 의로움을 드러내라고 권하는 한편, 종착점에 이르기까지 달음박질을 멈추지 말라며 기운을 북돋운다.

골로새서 바울이 이단에 시달리고 있는 골로새교회에 보낸 편지. 골로새의 그리스도인들은 유대교를 비롯한 동방의 다양한 종교들이 뒤섞인 특이한 사상의 영향을 받고 있었다. 바울은 이들에게 예수 그리스도는 어떤 분이며 어떤 일을 하셨는지, 그 안에서 산다는 게 무슨 의미인지, 그 생명을 품은 이로서 어떻게 세상을 살아야 할지 이야기한다.

데살로니가전서 바울이 데살로니가교회에 보낸 첫 번째 편지. 데살로니가교회는 세워진 지 얼마 되지 않아 아직 단단히 여물지 않은 상태였다. 밖으로는 심한 박해에 시달리고, 안으로는 재림을 둘러싼 의문이 깊었다. 이를 전해 들은 바울은 한편으론 식구들을 격려하고, 다른 한편으로는 예수님께서 어떤 모습으로 세상에 다시 오실지, 그때 살아 있는 또는 세상을 떠난 그리스도인들은 어떻게 그분과 함께하게 될지 설명한다.

데살로니가후서 바울이 데살로니가교회에 보낸 두 번째 편지. 첫 번째 편지로는 하고 싶은 말을 다 하지 못했다고 생각했던 걸까? 바울은 다시 서신을 보내 주님이 틀림없이 다시 오셔서 세상을 심판하신다고 강조한다. 아울러 데살로니가의 그리스도인들을 위로하고 용기를 북돋우며, 낙심하지 말고 선한 일을 하라고 권한다.

디모데전서 바울이 '아들'이라고 부를 만큼 아끼고 신뢰하는 제자 디모데에게 보낸 첫 번째 편지. 에베소에서 그리스도인들을 돌보고 있는 디모데에게 바울은 거짓 선생들과 거짓 가르침을 경계하며 기도하고 예배에 힘쓰길 당부한다. 또 한편으로는 여러 교회의 직분을 열거하면서 어떤 자격을 갖춘 인물들이 그 자리를 맡아야 하는지 설명한다.

디모데후서 삶의 마지막 시기를 마주한 바울이 사랑하는 제자 디모데에게 보낸 두 번째 편지. 바울은 디모데를 향한 따뜻한 마음을 솔직하게 표현하면서 어서 와 자신을 만나달라고 부탁한다. 그러면서도 스승다운 면모를 잃지 않은 바울은 타락한 세상을 살더라도 은혜로 굳세져서 고난을 달게 받으며 살림살이에 얽매이지 말고 말씀을 선포하라고 훈계한다.

디도서 바울이 자신을 통해 예수님을 믿고 교회의 지도자가 된 디도에게 보낸 편지. 바울은 크레타 섬에서 활동하고 있는 디도에게 하나님의 말씀에는 거짓이 없음을 강조하고, 어떤 인물들을 리더로 세워야 하는지 설명하면서 선한 말과 행동의 모범이 되길 당부한다.

빌레몬서 바울이 부유한 그리스도인 빌레몬에게 보낸 편지. 희한하게도 달아난 노예 오네시모를 관대하게 처분해달라는 부탁을 담고 있다. 로마법대로라면 마땅히 사형감이지만 자비를 베풀라고 권한다. 노예의 빚을 자신이 갚아주겠다고 약속까지 한다. 목숨으로 갚아야 할 죄를 지은 죄인의 편에 서서 변호하며, 대신 짐을 지겠다는 바울의 모습. 어디서 많이 보던 장면이지 않은가?

히브리서 유대인 그리스도인들에게 예수님이야말로 구약성경이 줄곧 예언해온 바로 그 메시아이며 구원을 이루실 분임을 설명하는 편지. 서신의 형식을 띠고 있지만, 누가 누구에게 보낸 글인지를 두고는 의견이 분분하다. 제사장, 언약, 희생제물, 멜기세덱 등등 유대인들에게 익숙한 개념을 동원해 구원의 진리를 설파하면서, 예수님을 신뢰하며 소망하라고 가르친다.

야고보서 예수님의 동생 야고보가 곳곳에 흩어져 살고 있는 유대인들을 염두에 두고 쓴 편지. 핍박과 시련 속에서 믿음을 가지고 인내하는 삶을 이야기한다. 말, 인간을 대하는 태도, 한결같은 마음가짐, 말씀에 따라 사는 그리스도인의 행동 양식에 관한 가르침이 상당 부분을 차지한다. 믿음과 행위가 구원과 어떻게 연결되는지에 관해서도 관심을 둔다.

베드로전서 예수님의 제자 베드로가 박해를 당하는 그리스도인들에게 보낸 첫 번째 편지. 교회가 막 세워져갈 무렵, 그리스도인이 된다는 건 엄청난 핍박과 시련을 감수해야 하는 모험이었다. 그럼에도 불구하고 예수님의 뒤를 따르기로 작정한 그리스도인들에게 베드로는 뜻밖의 위로와 격려를 전한다. 언젠가 고달픈 세월이 닥치겠지만, 하나님은 어김없이 약속을 지키는 분이므로 그분을 바라보고 불같은 시련을 견디라는 것이다. 심지어 고난을 영광스럽게 여기라고 권한다.

베드로후서 베드로가 같은 뜻으로 예수 그리스도를 따르는 동료 그리스도인들에게 보낸 두 번째 편지. 세상을 떠날 날이 멀지 않았음을 감지한 베드로는 예수의 복음이 얼마나 진실하고 확실한지 다시 한번 강조한다. 아울러 거짓 예언자와 교사들의 속임수에 넘어가지 말고, 반드시 다시 오신다는 그리스도의 약속을 바라보라고 가르친다.

요한1, 2, 3서 예수님의 제자 요한이 거짓 가르침들을 경고하고 대처하기 위해 교회에 보낸 편지들. 요한1서는 하나님을 빛에 빗대면서 그 아들 예수님을 통해서만 빛 가운데 살아갈 수 있음을 분명히 한다. 사랑이야말로 빛의 자녀들의 증표라고 못 박고, 하나님께서 우리를 사랑하신 것처럼 서로 사랑하며 순종으로 그 사랑을 드러내 보이라고 명령한다. 요한2서는 속이려 드는 자들이 세상에 허다함을 지적하고, 그런 자들과는 단호하게 거리를 두라고 요구한다. 요한3서 역시 앞의 편지들과 맥락을 같이하면서 선한 것을 본받으라고 권면한다.

유다서 예수님의 형제 유다가 교회에 보낸 편지. 몰래 스며든 거짓 선생들이 그릇된 가르침을 퍼트리고 있음을 알게 된 유다는 곧바로 강력한 경계경보를 발령한다. 참 진리를 다시 한번 상기시키고 거짓말을 일삼는 교사들을 맹렬히 비난하면서, 믿음을 터로 삼으라고 주문한다.

요한계시록 장차 닥쳐올 세상과 관련한 하나님의 계시. 밧모 섬에서 귀양살이를 하던 사도 요한은 어느 날 엄청난 환상을 보고 그 내용을 고스란히 글로 옮겼다. 사탄과 악이 하나님의 손에 완전히 소멸되고 새 하늘과 새 땅이 열리는 거대한 환상이었다. 창세기에서 시작된 성경의 메시지는 마침내 종결되고, 승리의 노래가 울려 퍼진다. 독특한 상징과 이미지로 숱한 예술작품의 모티브가 된 이 기묘한 책 속으로 조심스럽게 들어가 보자.

Bible in Hand | 교양인을 위한 성경

〈교양인을 위한 성경〉 시리즈는 〈성경전서 새번역〉 본문과 해제로 구성해 각 책별로 발간하고 있다. 구약은 김근주 교수(기독연구원 느헤미야), 신약은 권연경 교수(숭실대 기독교학과)가 성경을 읽어가는 재미와 정보의 길안내를 맡았다. 〈교양인을 위한 성경〉 시리즈는, 성경을 읽기 쉽고 보기 좋게 편집해, 페이지마다 궁금해할 만한 부분에 해제를 달았다. 언제 어디서나 들고 다니며 읽기 편하게 일반 단행본 모양으로 한 권씩 묶었다.

구약

세상의 모든 처음
창세기 | 248p | 11,000원 | Ebook 8,000원

영광의 탈출, 새로운 삶을 향하여
출애굽기 | 212p | 11,000원 | Ebook 8,000원

시민의 조건
신명기 | 200p | 15,000원 | Ebook 11,000원

선택, 어느 편에 설 것인가?
여호수아기·사사기·룻기 | 278p | 15,000원 | Ebook 11,000원

왕국의 출발, 왕의 조건을 묻다
사무엘기(상·하) | 316p | 19,000원 | Ebook 14,000원

남북왕조실록, 선택과 도태의 역사
열왕기(상·하) | 324p | 22,000원 | Ebook 16,000원

하나님 없는 세상에서 하나님과 함께 살아가기
에스라기·느헤미야기·에스더기 192p | 9,000원 | Ebook 7,000원

고난을 해석하는 제3의 시선
욥기 | 162p | 15,000원 | Ebook 11,000원

마음의 끝에서 부르는 새 노래
시편 | 358p | 19,000원 | Ebook 14,000원

지혜와 삶과 사랑
잠언·전도서·아가 | 192p | 8,500원 | Ebook 6,500원

어둠을 딛고 빛을 읽다
이사야서 | 278p | 15,000원 | Ebook 11,000원

신약

BIBLE in Hand 교양인을 위한 성경
신약 | 마태복음서

성취된 약속,
왕으로 온 메시아

책저 권연경

BIBLE in Hand 교양인을 위한 성경
신약 | 마가복음서

너희는
나를 누구라고
하느냐?

책저 권연경

BIBLE in Hand 교양인을 위한 성경
신약 | 누가복음서

예수 연대기:
말구유에서 빈 무덤 너머까지

책저 권연경

BIBLE in Hand 교양인을 위한 성경
신약 | 요한복음서

검은 현실을 부수는
빛의 소리

책저 권연경

성취된 약속, 왕으로 온 메시아

마태복음서 | 188p | 10,000원 | Ebook 8,000원

너희는 나를 누구라고 하느냐?

마가복음서 | 128p | 7,000원 | Ebook 5,500원

예수 연대기 : 말구유에서 빈 무덤 너머까지

누가복음서 | 208p | 11,000원 | Ebook 8,000원

검은 현실을 부수는 빛의 소리

요한복음서 | 156p | 8,000원 | Ebook 6,000원

행진, 담대하게 거침없이

사도행전 | 176p | 8,500원 | Ebook 6,500원

벼랑 끝 인생에게 주는 생존방정식

로마서·고린도전후서·갈라디아서 | 272p | 15,000원 | Ebook 11,000원

살며, 사랑하며, 지키며

에베소서·빌립보서·골로새서·데살로니가전후서·디모데전후서·
디도서·빌레몬서 | 208p | 15,000원 | Ebook 11,000원

위기의 신앙 공동체, 무엇으로 사는가

히브리서·야고보서·베드로전·후서·요한1·2·3서·유다서
184p | 15,000원 | Ebook 11,000원

BIBLE in Hand 교양인을 위한 성경

위기의 신앙 공동체, 무엇으로 사는가
신약 | 히브리서 · 야고보서 · 베드로전 · 후서 · 요한 1 · 2 · 3서 · 유다서

1쇄 발행일 2025년 1월 20일

펴낸이 최종훈
펴낸곳 봄이다 프로젝트
등록 2017-000003
주소 경기도 양평군 서종면 황순원로 414-58 (우편번호 12504)
전화 02-733-7223
이메일 hoon_bom@naver.com

책임편집 이나경 박준숙
디자인 designGo
표지 이미지 shutterstock
인쇄 SP

ISBN 979-11-92240-35-0
값 15,000원